全国中等职业技术学校汽车类专业教材

汽 车 车 身 整 形

人力资源和社会保障部教材办公室组织编写

中国劳动社会保障出版社

简介

本书主要内容包括车身检验、车身测量、车身校正等。

本书由张启森主编，周云、王婷、胡昊、冯培林参加编写；陈锡良主审，史冬霞参审。

图书在版编目(CIP)数据

汽车车身整形/张启森主编．—北京：中国劳动社会保障出版社，2014

全国中等职业技术学校汽车类专业教材

ISBN 978-7-5167-1382-2

Ⅰ.①汽…　Ⅱ.①张…　Ⅲ.①汽车-车体-车辆修理-中等专业学校-教材　Ⅳ.①U472.4

中国版本图书馆 CIP 数据核字(2014)第 189714 号

中国劳动社会保障出版社出版发行

(北京市惠新东街 1 号　邮政编码：100029)

*

中青印刷厂印刷装订　　新华书店经销

787 毫米×1092 毫米　16 开本　8.25 印张　174 千字

2014 年 8 月第 1 版　　2018 年 7 月第 4 次印刷

定价：17.00 元

读者服务部电话：(010) 64929211/64921644/84626437

营销部电话：(010) 64961894

出版社网址：http://www.class.com.cn

前　言

为了更好地适应中等职业技术学校汽车类专业教学要求，全面提升教学质量，人力资源和社会保障部教材办公室组织有关学校的骨干教师和行业、企业专家，在充分调研企业生产和学校教学情况、广泛听取教材用户反馈意见的基础上，对全国中等职业技术学校汽车类专业教材进行了修订和补充开发。

本次教材修订和补充开发工作的重点主要体现在以下几个方面：

第一，完善教材体系，更好地满足教学需求。

结合职业院校汽车类专业设置和办学特点，调整并完善了教材体系，与专业通用基础教材相衔接，开发了汽车维修、汽车电器维修、汽车钣金与美容、汽车检测、汽车营销等专业方向教材，构建了“通用基础平台＋不同专业方向平台”的教材体系。此外，还针对学校对电控技术、车载网络技术、新能源汽车等高新技术的教学需求，开发了相应的教材。

第二，反映技术发展，适应岗位职业能力需求变化。

随着汽车制造水平的不断提高，汽车维修的内容和工艺发生了相应变化；伴随着私家车保有量的不断增长，汽车营销、汽车美容等相关从业人员的职业能力要求也在发生相应变化。因此，本次修订工作注重在教材中增加新知识、新技术、新材料、新工艺等方面的内容，体现教材的先进性。同时，根据中级工从事相关岗位工作的实际需要，合理确定学习目标，对教材内容的深度、难度做了适当调整，同时注重综合职业能力的培养。

第三，融入先进教学理念，创新教材表现形式。

专业通用基础教材的编写以汽车及其零部件为载体，充分体现专业特色；专业方向教材的编写根据学校教学实际，充分体现一体化教学思路，增加了实训内容在教材中的比重。为了增强教材的表现效果，提高学生的学习兴趣，教材中使用了大量高质量的实物图片，部分教材采用双色或彩色印刷。

第四，开发辅助产品，提供教学服务。

为了方便教学，配套开发了习题册、教学参考书和电子课件。电子课件可通过中国人力资源和社会保障出版集团网站（http://www.class.com.cn）免费下载。

本次教材修订工作得到了河北、江苏、浙江、山东、山西、广东、广西、陕西等省、自治区人力资源和社会保障厅及有关学校的大力支持，在此表示诚挚的谢意。

人力资源和社会保障部教材办公室

2012 年 7 月

目　录

单元一　车身检验

课题一　车身损伤类型认知

学习目标

1. 了解事故车辆的常见碰撞类型。
2. 掌握碰撞力对车辆变形的影响。
3. 能熟练根据车辆损伤确定碰撞类型和碰撞力。

知识准备

车身结构不同的车辆在同类事故中受到的损坏可能大不相同，要想对事故车损伤情况做出精确确认，必须了解不同车辆结构在各种事故中的碰撞类型。在各种不同的事故中，只有准确地确认损伤部位和严重程度，才能为制定维修方案、恢复其性能和尺寸做参考依据。在比较严重的事故中，车身或车架通常会发生歪曲、折皱、扭曲等变形，在估损时需要确定哪些部件需要更换，哪些部位需要维修。常见局部损伤的修复较为容易，而对于大多数严重变形事故车，单凭经验无法直接确认，这大大增加了技术人员制定维修方案的难度。但是，只要尽可能多地了解和记录事故发生时的详细情况，结合事故车实际情况和维修经验，就能够比较准确地分析出车辆损坏情况，提高维修的精度。

一、常见的碰撞类型

汽车碰撞事故是指汽车与汽车或汽车与物体之间发生碰撞，从而造成车辆损坏、被撞物损坏甚至人员伤亡等各种损失。按照碰撞方向和事故所导致的后果分类，可将碰撞事故分为正面碰撞、正面刮碰、追尾、与障碍物相撞和侧翻等多种类型。下面以轿车为例说明常见的几种碰撞事故及其损坏情况。

1. 正面碰撞

（1）两车前部受损

两车前部相撞后，车身前部保险杠、前格栅、两侧前照灯、空调冷凝器、发动机水箱及其支架等将受到不同程度的损伤，严重时损坏部位会扩大至发动机罩、前翼子板、前纵梁、前悬架机构等部位，甚至会导致气囊打开，如图 1—1—1 所示。

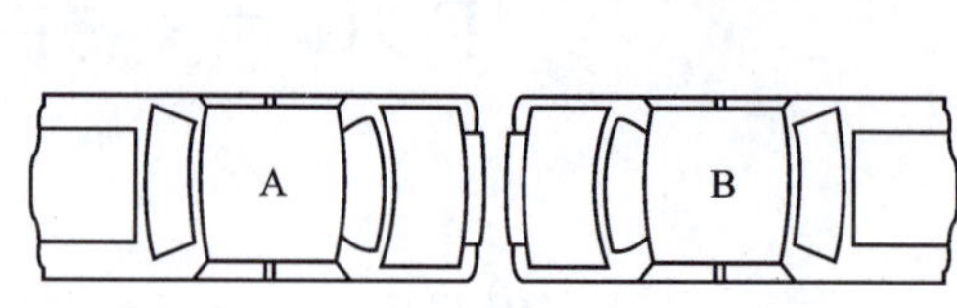

图 1—1—1 两车前部相撞

（2）两车前部一侧受损

两车前部一侧相撞，一般保险杠、前格栅、一侧前照灯、一侧翼子板等会受到不同程度的损伤，严重时损坏部位会扩大到空调冷凝器、发动机水箱及其支架、发动机罩、一侧纵梁、一侧悬架机构等部位，如图 1—1—2 所示。

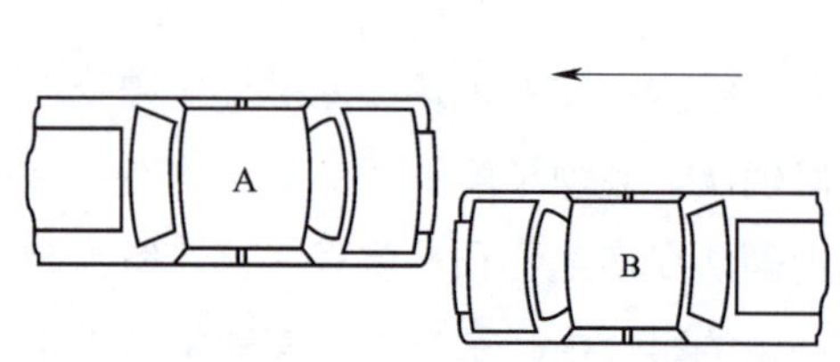

图 1—1—2 两车前部一侧相撞

2. 正面刮碰

（1）两车一侧刮碰

两车在行驶过程中，同向或背向而行时一侧刮擦，接触面一侧的后视镜、前后车门、前后翼子板刮伤，严重时玻璃破碎，框架变形，前门立柱及前照灯等有不同程度的损坏，如图 1—1—3 所示。

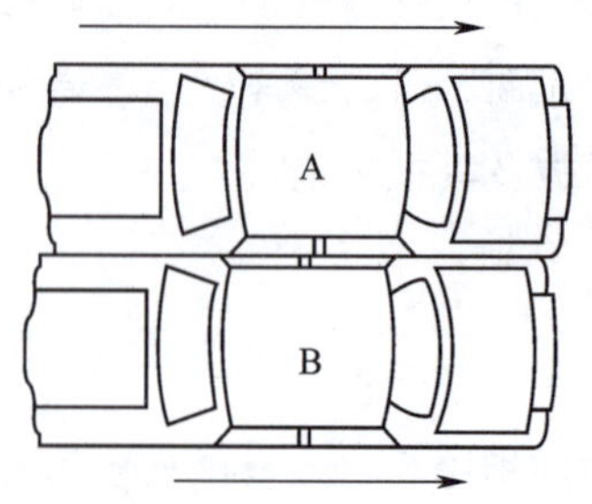

图 1—1—3 两车一侧刮碰

（2）一车为侧面碰撞受损、一车为前部碰撞受损

一车前部与另一车侧面发生刮碰（见图 1—1—4），导致一车一侧前翼子板、前悬架机

构、侧面转向灯等损坏，严重时一侧前翼子板报废，发动机罩翘曲变形，前门立柱变形，发动机移位等。另一车前保险杠面罩、前翼子板、一侧前照灯等损坏，严重时一侧翼子板将严重损坏，并导致一侧前悬架、轮胎、空调冷凝器、发动机水箱及其支架、发动机罩等部件受损变形。

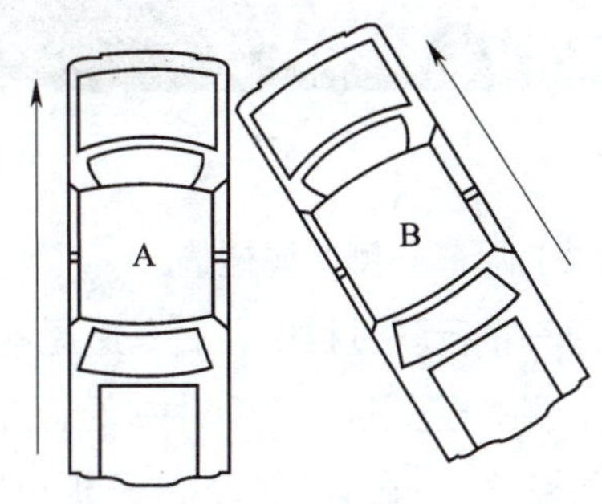

图 1—1—4　一车前部与另一车侧面刮碰

（3）两车斜侧面碰撞损伤

一车前部与另一车后围部位相刮（见图 1—1—5），导致被撞车后侧围变形，严重时后侧围板严重损坏，后门框、后窗框、后立柱、后轮及后悬架等部件受损，行李箱盖变形等。另一车前保险杠面罩、前翼子板、一侧前照灯等损坏，严重时一侧前悬架和一侧前翼子板严重损坏，空调冷凝器、干燥器、高压管、发动机水箱及其支架、发动机罩等部件受损。

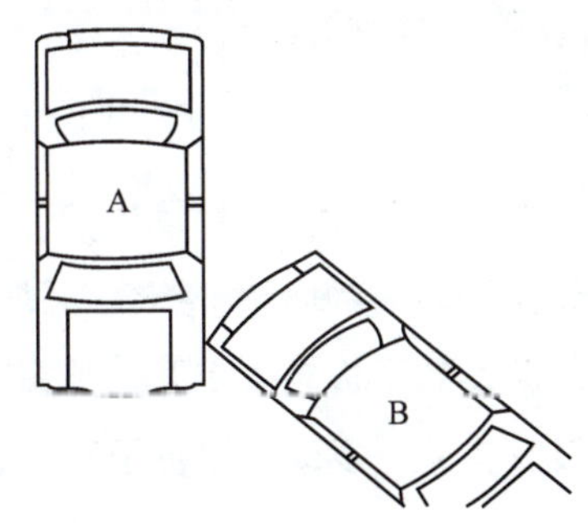

图 1—1—5　一车前部与另一车后围部位相刮

3. 追尾或与障碍物相撞

（1）两车追尾碰撞

两车发生追尾后均受到不同程度的损伤（见图 1—1—6）。被追车后保险杠、行李箱盖等变形，两侧尾灯损坏，严重时会导致两侧围板、行李箱底板、后悬架机构等变形。后车保险杠、前格栅、两侧前照灯等也受到不同程度的损坏，严重时会涉及发动机水箱及其支架、空调冷凝器和相关部件，造成发动机罩、翼子板变形，发动机后移，纵梁损坏等。

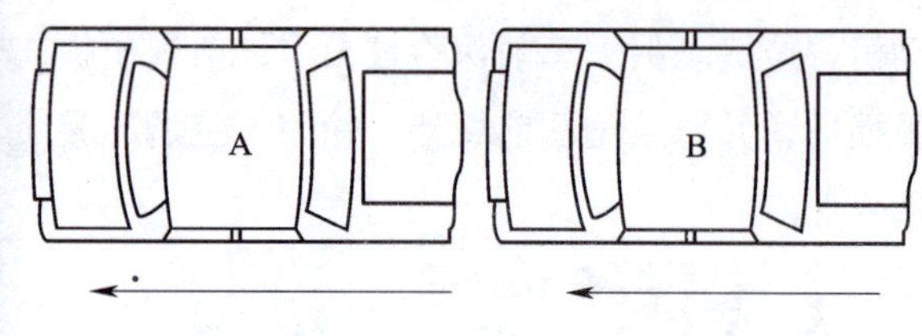

图 1—1—6　两车追尾

（2）两车一侧追尾碰撞

两车在行驶过程中，后车追尾前车一侧（见图 1—1—7），导致前车尾部一侧的保险杠、尾灯、侧围板变形，严重时损坏范围会扩大至行李箱盖、行李箱底板等。同时，后车的保险杠、前格栅、一侧前照灯、翼子板也受到了损坏，严重时会导致水箱及其支架、空调冷凝器、发动机罩、一侧翼子板和悬架机构损坏。

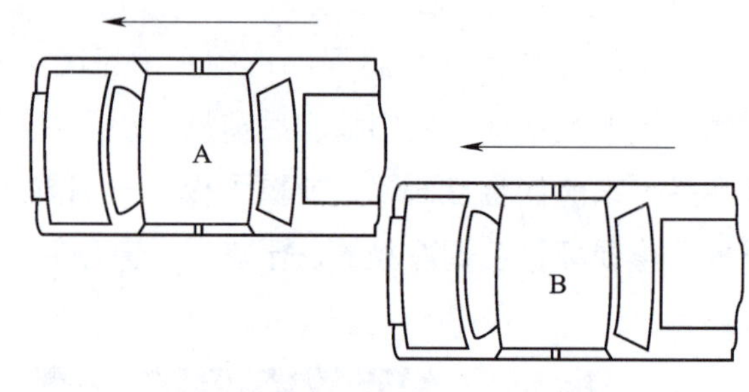

图 1—1—7　两车一侧追尾碰撞

（3）汽车与面积较大的物体碰撞

汽车与面积较大的墙壁、台阶、石墩等物体碰撞（见图 1—1—8）后，保险杠面罩及保险杠、格栅、两侧翼子板轻微变形，严重时两侧翼子板会严重变形，前照灯、空调冷凝器、发动机水箱及其支架、发动机罩甚至车门、风挡玻璃、纵梁会损坏，气囊打开。

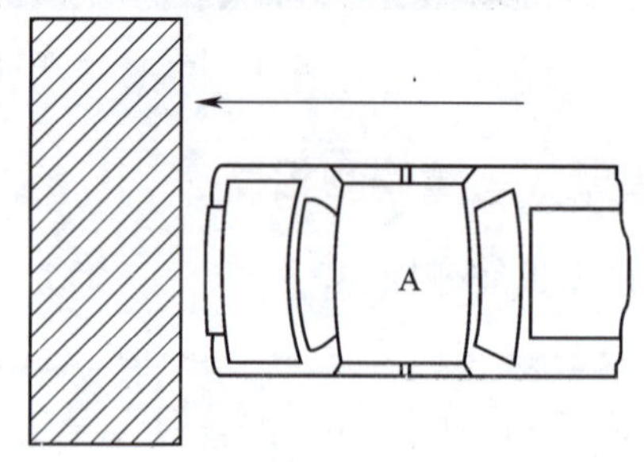

图 1—1—8　汽车与面积较大的物体碰撞

（4）汽车与面积较小的物体碰撞

汽车前部与面积较小的物体碰撞（见图 1—1—9），导致保险杠、前格栅、空调冷凝器、发动机水箱及其支架、发动机罩损坏，严重时两侧翼子板严重变形，前悬架机构甚至后悬架机构受损。

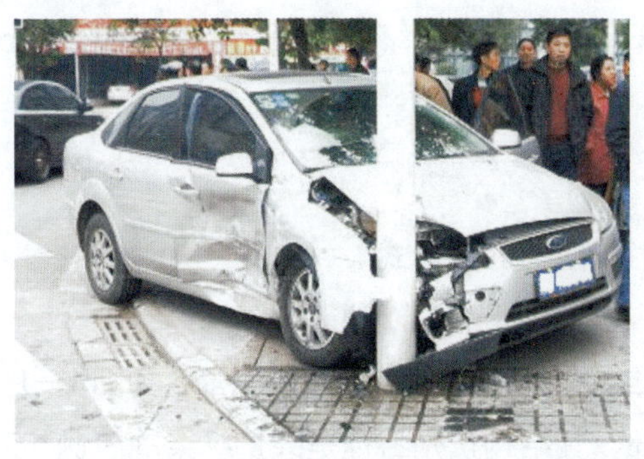
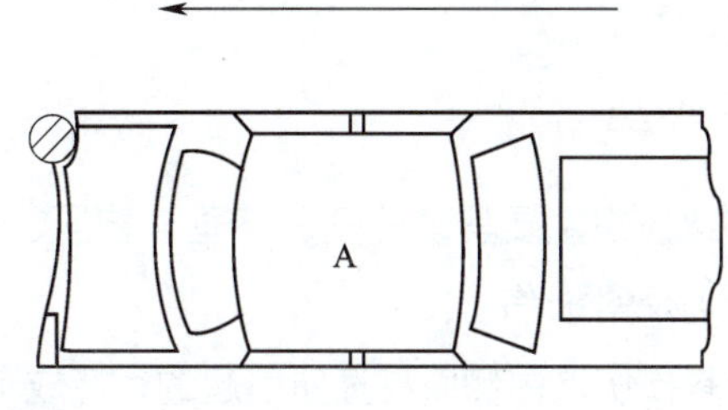

图 1—1—9　汽车与面积较小的物体碰撞

4. 侧翻

当汽车发生侧翻（见图 1—1—10）后，车身的车顶板横梁、纵梁发生变形，顶板塌陷，车身前柱、中柱、后柱均会变形，翻滚过程中可能会造成车身侧面损坏，如车门、翼子板、后侧围板等，严重时会使车身整体变形。

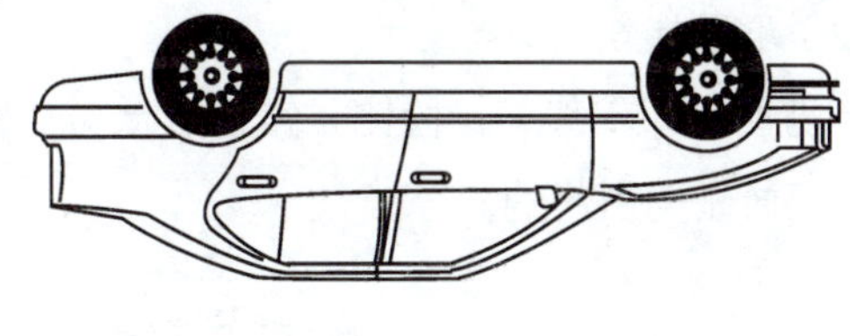

图 1—1—10　汽车侧翻

二、碰撞力对车辆变形的影响

在事故中，车辆的直接损坏是由碰撞力引起的。碰撞力的大小和方向不同，对事故车造成的损坏也不同。车身质量和碰撞力越大，对车辆的损坏就越大；车辆与被撞物体的相对速度越大，被撞物体的刚度越大，接触面积越小，产生的碰撞力就越大，对事故车造成的损坏就越大。

碰撞力的方向影响事故车的损坏程度。在事故中，因为驾驶员在碰撞前的本能反应是躲让碰撞物和紧急制动，所以碰撞力的方向一般不会与车身的三维方向（长度方向、宽度方向和高度方向）平行（见图 1—1—11），而是有一个偏角。但是，为了分析碰撞力对车辆变形的

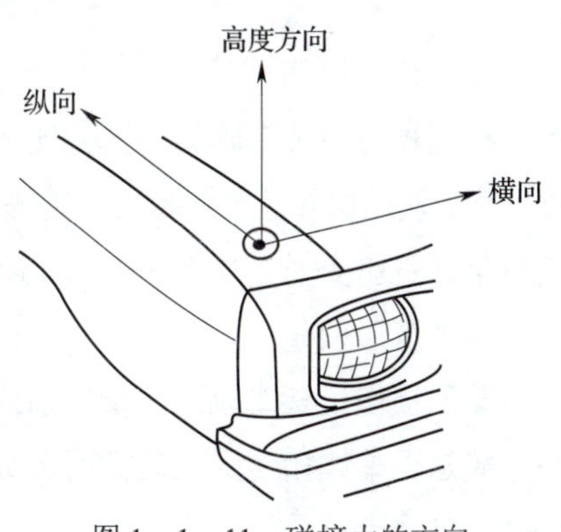

图 1—1—11　碰撞力的方向

影响，可以将碰撞力沿着三个方向分解成三个分力，分别促使车辆纵向产生挤压变形、横向产生挤压和弯曲变形、高度方向产生向上或向下的拱曲或凹陷变形。

根据碰撞力的不同，车身损伤主要可分为车架损伤、车身结构件损伤和车身覆盖件损伤等类型。

1. 车架损伤

车架损伤主要呈现歪斜、下垂、挤压、菱形和扭曲五种形式。

（1）歪斜损伤

歪斜损伤是由侧面碰撞所引起的，造成车架或承载车身发生侧向弯曲变形，如图 1—1—12 所示。歪斜通常出现在车辆某一侧的前部或后部，其结构识别特征是某侧纵梁的内侧和对面那根纵梁的外侧出现折皱凸痕。

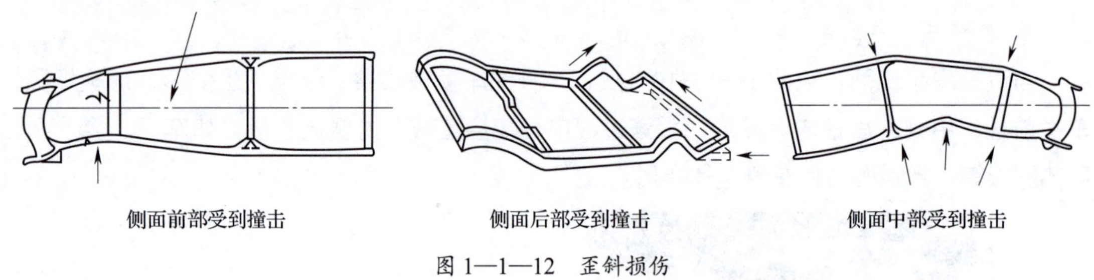

图 1—1—12 歪斜损伤

（2）下垂损伤

下垂损伤即车架某一段比正常位置低，如图 1—1—13 所示，下垂损伤通常是由前端或后端的正面碰撞引起的。

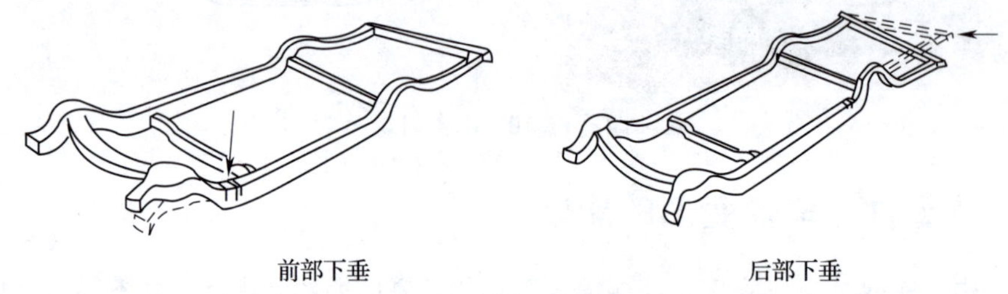

图 1—1—13 下垂损伤

（3）挤压损伤

挤压损伤造成车辆某一部分比正常尺寸短。挤压一般发生在发动机罩或尾箱上，会造成翼子板、发动机罩、车架各梁出现皱痕和严重的扭曲变形，车轮处的车架或车身还可能上翘，使悬架弹簧座变形，如图 1—1—14 所示。

（4）菱形损伤

菱形损伤是指车辆的一侧向前或向后移动，整个车架由长方形变成平行四边形。菱形损伤一般是因车体角上受到碰撞而造成的，损伤的程度可能会比较严重，以致无法修复，如图 1—1—15 所示。

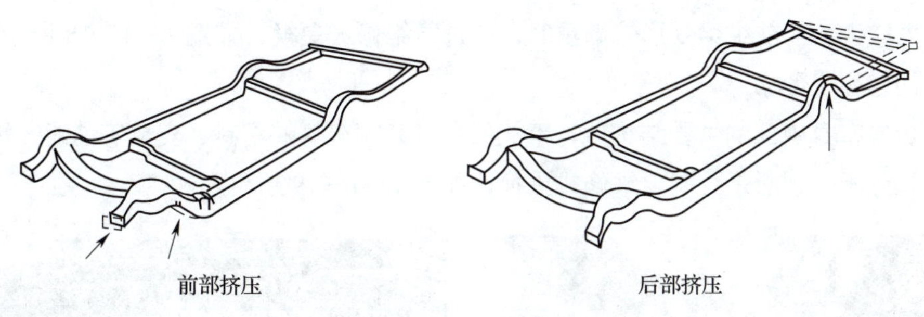

图 1—1—14　挤压损伤

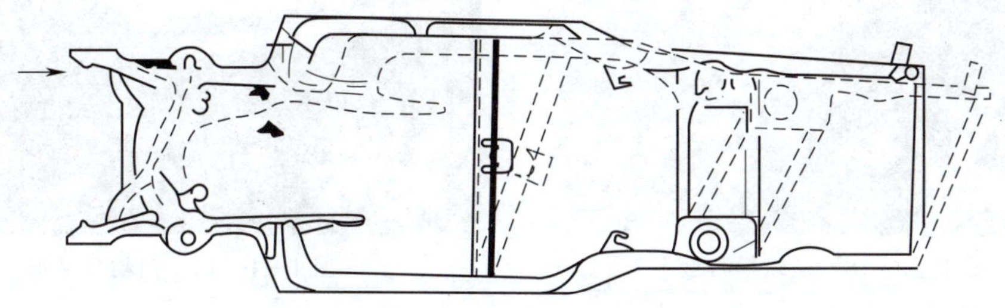
图 1—1—15　菱形损伤

（5）扭曲损伤

扭曲损伤是指车架的一角上翘，而其对顶的角则下折，如图 1—1—16 所示。扭曲损伤通常是由车头或者车尾碰撞在路边石阶或路中央隔离栏上造成的。

2. 车身结构件损伤

车身结构件损伤主要有立柱、门槛、驾驶舱、乘客舱、发动机舱、行李舱、底板等结构件呈现扭曲、折皱、断裂、锈蚀等损伤形式。

（1）前立柱扭曲

立柱是构成车身侧框架的钣金结构件，是车身非常重要的支撑件，作为乘客舱框架梁的前部支撑，用来固定前风窗玻璃和安装车门等结构件。在发生事故时，立柱会发生扭曲等变形，需准确判断其损伤程度，如图 1—1—17 所示。

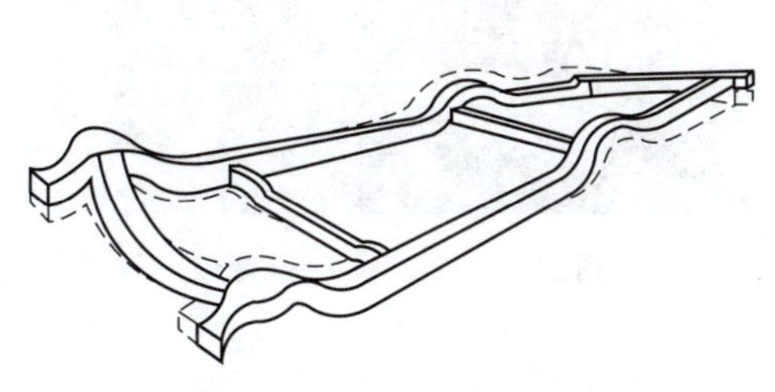
图 1—1—16　扭曲损伤

图 1—1—17　前立柱扭曲

（2）前纵梁折皱

前纵梁是车身前部的主要吸能构件，有特意设计的溃缩区，属于箱型结构，截面为封闭形式，受力较大，当前纵梁变形较严重时，应进行维修或更换，如图 1—1—18 所示。

（3）门槛板变形

门槛板是车身中部的主要结构件，事故后变形影响车身的密封、安全等性能，需准确地进行检查和分析，判断是否需要维修或更换，如图 1—1—19 所示。

图 1—1—18　前纵梁折皱

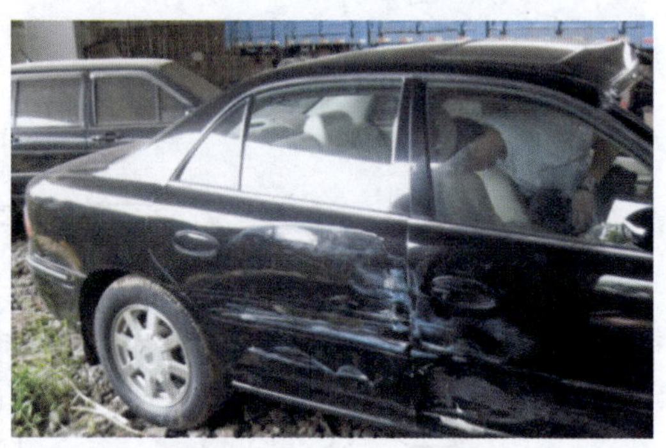

图 1—1—19　门槛板变形

（4）底板变形

汽车由于碰撞、长期使用导致承载、浸水、油污等，其底板会发生损伤或锈蚀，需根据损伤程度制定维修方案，如图 1—1—20 所示。

3. 车身覆盖件损伤

翼子板、发动机罩、行李箱盖、车门板、车顶等车身覆盖件呈现撕裂、孔洞、锈蚀等损伤形式。

（1）车门板变形

车门板出现刮擦等情况时，常常出现浅划痕及凹瘪等情况，影响汽车的美观和使用，需进行维修或抛光处理，如图 1—1—21 所示。

图 1—1—20　底板变形

图 1—1—21　车门板变形

（2）翼子板撕裂

翼子板又称侧围板，是车身两侧的板件，既起防止发动机舱里的废气、高温、噪声窜入车厢的防护隔离作用，又具有防止水流飞溅的功能，因此密封和隔热尤为重要。如图 1—1—22 所示为翼子板撕裂。

（3）行李箱盖变形

轿车行李箱用于放置行李和物品，三厢式轿车的行李箱是与乘客室分开的，而两厢式轿车的行李箱则与乘客室为一体。无论哪种形式的轿车都有一个宽大的行李箱盖，都会由于事故和长期使用而出现变形等损伤，如图 1—1—23 所示。

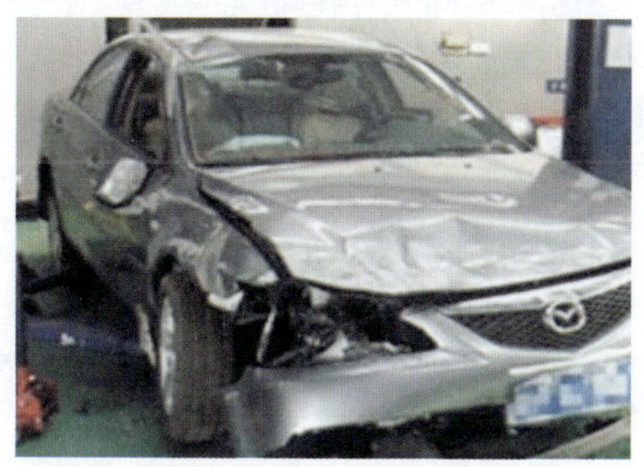

图 1—1—22 翼子板撕裂

图 1—1—23 行李箱盖变形

技能训练

训练 1：车身覆盖件变形认知

<table>
<tr><th colspan="2">一、发动机罩变形认知</th></tr>
<tr><td></td><td>1. 发动机罩表面损伤
（1）碰撞部位：发动机罩表面。
（2）损伤类型：正面碰撞。
（3）修复方法：用车身整形设备和工具恢复其表面形状和性能。
提示：
发动机罩划痕和凹瘪通常是因为发动机罩受到外力刮擦或重物撞击造成的。</td></tr>
<tr><td></td><td>2. 发动机舱内损伤
（1）碰撞部位：车身前部。
（2）损伤类型：正面碰撞。
（3）需修复或更换部件：前保险杠、水箱、冷凝器、翼子板、中网和发动机罩等。
提示：
车身前部损伤通常是因为车辆在正向行驶时与另一辆汽车或物体发生正面碰撞造成的。</td></tr>
</table>

续表

	3. 发动机舱侧损伤 （1）碰撞部位：车身左前部。 （2）损伤类型：正面刮碰或追尾。 （3）需修复或更换部件：前保险杠、翼子板、中网和发动机罩等。 提示： 车身发动机罩一侧损伤通常是因为车辆变道或超车行驶时，与另一辆汽车刮擦或侧面碰撞造成的。
二、保险杠变形认知	
	1. 汽车保险杠变形损伤 （1）碰撞部位：后保险杠整体。 （2）损伤类型：追尾。 （3）需修复或更换部位：保险杠。 提示： 汽车保险杠变形损伤通常是因为车辆超车行驶或制动失效时，与另一辆汽车追尾碰撞造成的。
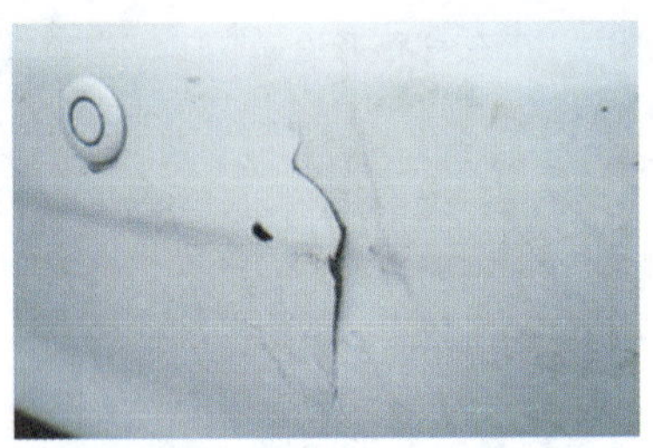	2. 汽车保险杠开裂损伤 （1）损伤部位：后保险杠中部。 （2）损伤类型：追尾或与障碍物碰撞。 （3）需修复或更换部位：后保险杠中部损伤处需焊修或整体更换。 提示： 汽车保险杠开裂损伤通常是因为保险杠遇尖锐物体或重物冲击等导致的。
	3. 汽车保险杠脱落损伤 （1）碰撞部位：右前翼子板。 （2）损伤类型：碰撞或刮碰。 （3）需修复或更换部位：保险杠。 提示： 汽车保险杠脱落损伤通常是由于车辆刮擦、碰撞等造成的。

续表

三、翼子板变形认知	
	1. 汽车翼子板撕裂等损伤 （1）碰撞部位：左前翼子板和前保险杠。 （2）损伤类型：碰撞或刮碰。 （3）需修复或更换部位：左前翼子板和前保险杠。 提示： 汽车翼子板撕裂等损伤通常是由于车辆追尾、碰撞等导致的。
	2. 汽车翼子板折皱等损伤 （1）碰撞部位：车辆前部。 （2）损伤类型：追尾。 （3）需修复或更换部位：前保险杠、发动机罩、翼子板、前照灯、水箱、冷凝器、发动机总成等。 提示： 汽车翼子板折皱等损伤通常是由于车辆碰撞等导致的。
四、车门变形认知	
	1. 汽车车门刮擦损伤 （1）碰撞部位：车门和后围板。 （2）损伤类型：刮碰。 （3）需修复或更换部位：右后门拆卸修复、右前门和后围板拉陷修复。 提示： 汽车车门刮擦损伤通常是由车辆刮擦、碰撞等导致的。
	2. 汽车侧面碰撞损伤 （1）碰撞部位：后侧中柱。 （2）损伤类型：碰撞或刮碰。 （3）需修复或更换部位：右侧车门、门槛、车顶等部位。 提示： 汽车侧面碰撞损伤通常是由于车辆侧面受到严重碰撞等导致的。

续表

五、行李箱盖变形认知	
	1. 行李箱盖轻微变形损伤 （1）碰撞部位：行李箱盖右后部。 （2）损伤类型：追尾。 （3）需修复或更换部位：行李箱盖整形修复。 提示： 汽车行李箱盖受到刮擦、追尾等，产生不同程度的变形。
	2. 行李箱盖严重变形损伤 （1）碰撞部位：行李箱中部。 （2）损伤类型：追尾。 （3）需修复或更换部位：行李箱盖拆卸修复。 提示： 汽车行李箱盖受到严重追尾等，变形严重。
六、车顶变形认知	
	1. 车顶全翻变形损伤 （1）碰撞部位：车顶。 （2）损伤类型：全翻。 （3）需修复或更换部位：车顶。 提示： 汽车车顶受到严重的撞击变形。
	2. 车顶侧翻变形损伤 （1）碰撞部位：车辆左侧。 （2）损伤类型：侧翻。 （3）需修复或更换部位：车门、立柱、车顶。 提示： 汽车侧翻，左侧车门、立柱变形较大，车顶受到不同程度的挤压变形。

训练 2：车身结构件变形认知

一、车身车架变形认知	
	1. 车架正面损伤 （1）碰撞部位：车辆前部。 （2）损伤类型：正面碰撞或追尾。 （3）需修复或更换部位：车架、前保险杠、水箱、冷凝器、翼子板、中网和发动机罩等。 提示： 汽车因追尾，前部受到严重损伤，前纵梁等部件变形较大。
	2. 车架尾部损伤 （1）碰撞部位：车辆后部。 （2）损伤类型：正面碰撞或追尾。 （3）需修复或更换部位：车架、后保险杠、后翼子板等。 提示： 汽车尾部因受严重撞击，后纵梁等部件变形较大。
二、车身纵梁和立柱变形认知	
	1. 纵梁变形和悬架部件受损 （1）碰撞部位：车辆前部。 （2）损伤类型：正面碰撞或追尾。 （3）需修复或更换部位：保险杠、前照灯、翼子板、前纵梁等。 提示： 严重的正面碰撞导致保险杠和前照灯脱落、翼子板开裂、前纵梁等部位严重变形。
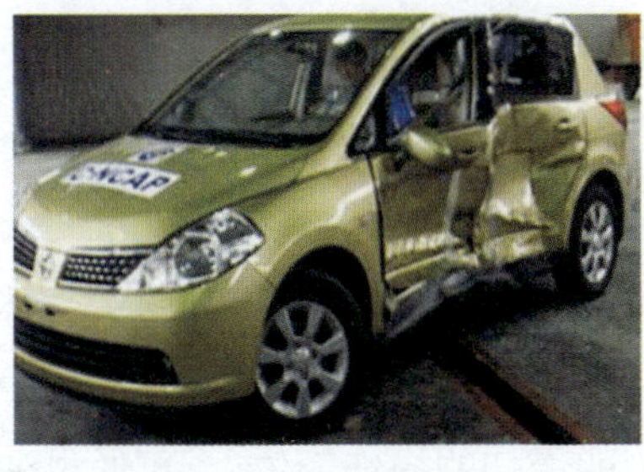	2. 车身侧面中柱及门槛等部位变形 （1）碰撞部位：车辆左侧。 （2）损伤类型：侧面碰撞。 （3）需修复或更换部位：车门、门槛、立柱、车顶等部位。 提示： 严重的侧面碰撞导致车身侧面中柱及门槛等部位严重变形或受损。

思考与练习

1. 按照碰撞方向和事故所导致的后果分类，事故车辆碰撞类型有哪些?
2. 车架损伤主要呈现哪些形式?
3. 车身覆盖件损伤如何判别?

课题二　车身损伤分析

学习目标

1. 了解事故车辆的损伤范围。
2. 确定事故车辆的损伤程度。
3. 能正确进行车身损伤分析。

知识准备

不同车身结构的车辆在各种事故中会受到不同损伤，相关技术人员在修理前需进行车身损伤分析，查看损伤范围、程度及类型，对车身结构整体和局部变形分别进行检查，以确定维修方案。

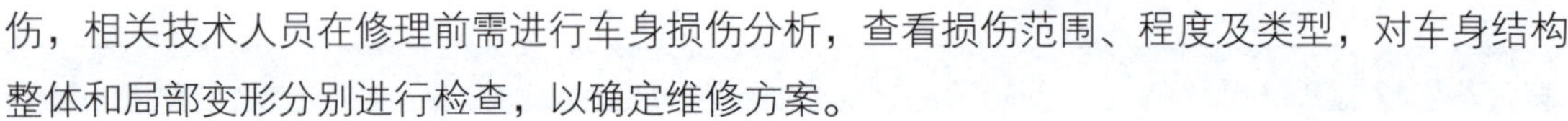

汽车前部车身和后部车身要设计得在某种程度上容易损坏，而中部车身要保证设计得结实牢固。据美国高速公路管理局统计，在汽车碰撞事故中，发生正面碰撞约占 39%，侧面碰撞约占 38%，尾部碰撞约占 23%，如图 1—2—1 所示。

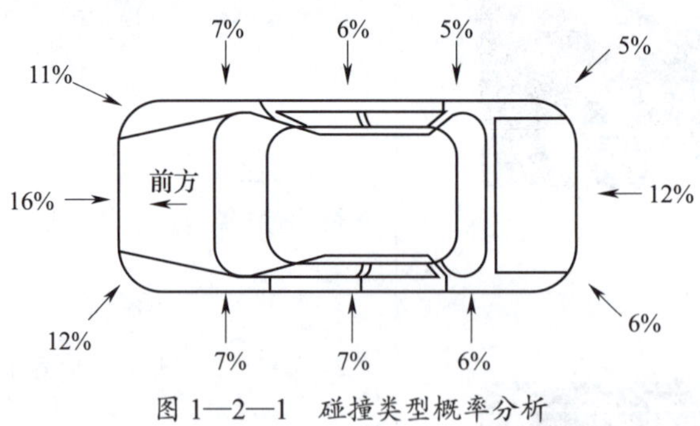

图 1—2—1　碰撞类型概率分析

一、损伤范围的确定

首先应了解汽车整个碰撞过程，如碰撞部位、碰撞方向、碰撞时车速、碰撞的物体及碰撞次数等，这对车身损伤的判别非常有意义。

确定损伤范围时，应先找到最初遭受冲击的地方（即最初的损伤部位），可通过油漆的剥落程度及钣金件的伤痕来判定。然后沿着冲击力传播的方向系统地检查各部件的损伤，包括车身附件及车身以外的其他总成和部件，如车轮、悬架、发动机等。

检查时要着重注意不同类型的车身结构存在一些应力集中区域（即吸能区），这些部位是在车身设计中特别设置的。在碰撞冲击力的作用下，它们会按预先设定的方式变形，吸收冲击能量，保持车厢的形状，保护车内乘员的安全，如图 1—2—2 所示。

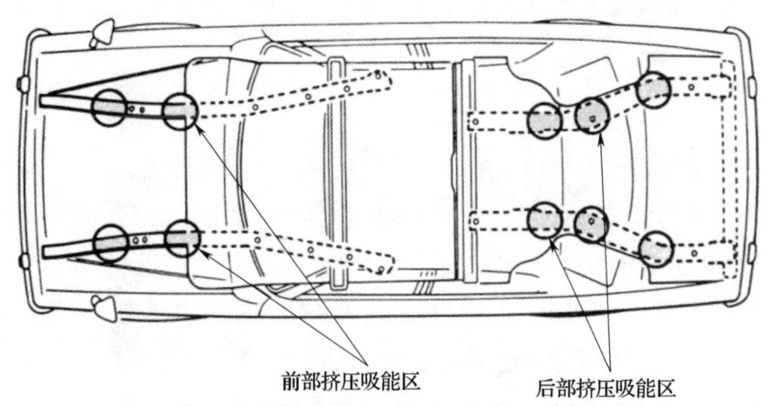

图 1—2—2　损伤车辆应力集中区域的检查

为了控制二次损伤的分布区域，吸能区能有效保护车内乘员的安全。吸能区在碰撞力作用下按预先设定的方式进行变形，保持乘客舱的形状不变，并吸收二次损伤能量。也就是说，正面碰撞产生的冲击力将由车身的前部吸能区吸收，后部碰撞产生的冲击力由车身后部吸能区吸收，而侧面碰撞产生的冲击力将由撞击区的车身板、车顶边梁、侧面立柱和车门共同吸收，如图 1—2—3 所示。

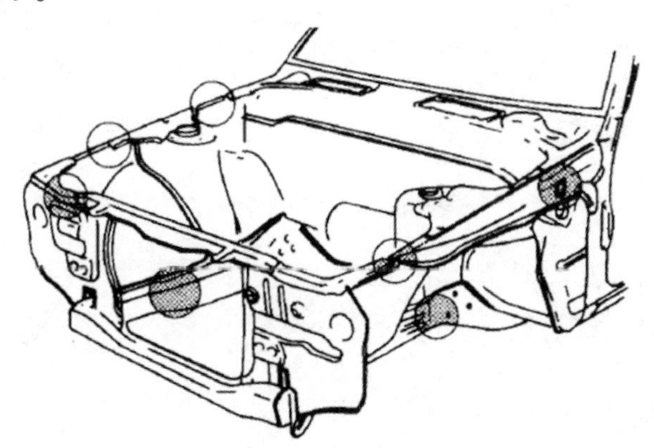

图 1—2—3　损伤车辆应力集中区域的确认

车身发生事故后，确定损伤范围时还应考虑直接损伤的部件和间接损伤需要修复或更换的其他部件等问题。

二、损伤程度和类型的确定

确定车身上所有损伤部件后，应对损坏部位进行分析，以确定损伤程度和类型。车身构件的直观损伤目测就可察看清楚，它可分为直接损伤和间接损伤两种类型。同时，还应注意损伤部位的加工硬化。

1. 直接损伤

直接损伤是由碰撞物体与车身钢板受损部位直接接触而造成的（见图 1—2—4）。它通常以擦伤、划痕或断裂的形式出现。在所有损伤中，直接损伤通常只占一小部分，但在修理时却需要花费很多时间。

2. 间接损伤

间接损伤是由直接损伤间接引起的，主要有折损、挤缩等形式。

大多数碰撞都会同时造成直接和间接这两种损伤，并且大部分都是间接损伤（见图 1—2—4）。各种构件所形成的间接损伤没有本质区别，所以可采用一些基本的方法来修理大多数车身，只是由于受损部位的尺寸、硬度和位置不同，所用的修理工具有所不同。

当车身钢板在加工成形或受到损坏变形时，通常会产生加工硬化（见图 1—2—5）。加工硬化是指外力使变形达到塑性变形的上限时，金属产生的一种硬度增加、塑性和韧性下降的现象。汽车上的钢板构件在受到碰撞时所发生的变形不会都是折损，有些部位只是弯曲状的弹性变形。折损部位会加重加工硬化的程度，其本身又是塑性变形，所以这些部位才是首先需要修整的，并且是修复作业中主要的修整对象。对于弯曲状弹性变形部位，当约束力消除后，钢板能够基本恢复原来的形状。也就是说，当把一块钣金件上所有折损变形修复后，其他弹性变形部位会自动恢复。

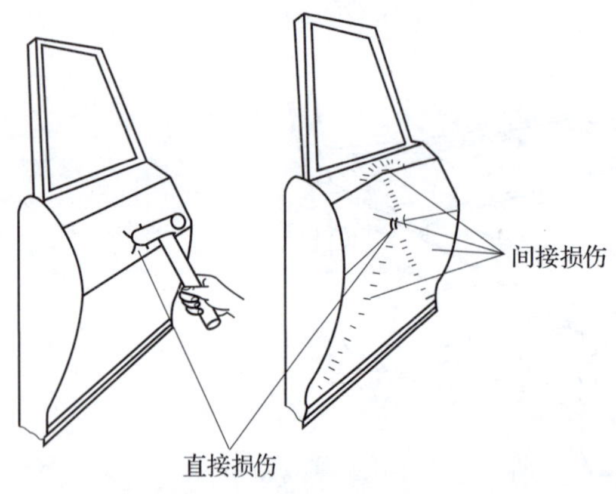

图 1—2—4　直接损伤和间接损伤

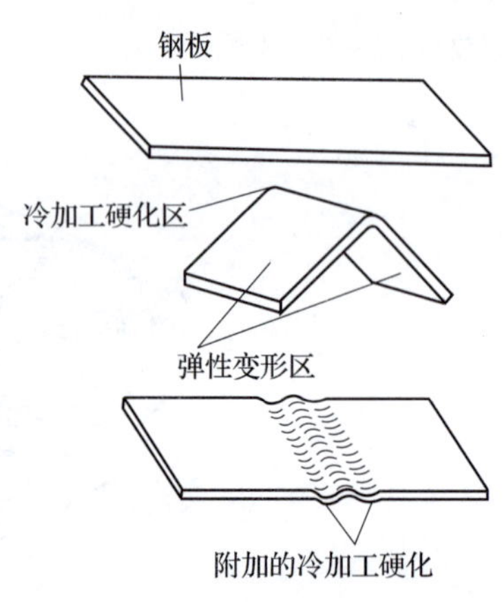

图 1—2—5　加工硬化

三、车身结构整体变形的检查

汽车碰撞较为严重时，碰撞所引起的车身损伤往往不光是车身构件的直观损伤，同时还会造成车身结构的整体变形。承载式车身在遭受巨大侧向碰撞力时所造成的车身损伤和整体变形如图 1—2—6 所示。

车身的整体变形靠目测往往观察不到（车身的整体变形量一般较小）。车身整体变形的认定主要依赖于对车身结构精确测量的结果。

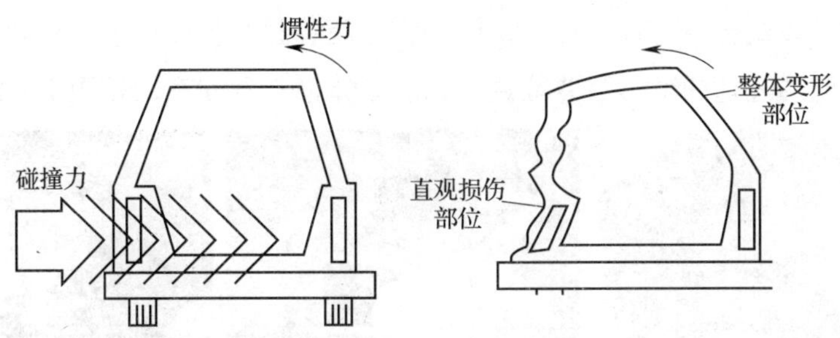

图 1—2—6 车身损伤和整体变形

事故车辆在发生碰撞时主要由车身吸收碰撞能量，车身因吸收碰撞能量而发生折皱、弯曲等多种变形。在较严重的事故中，碰撞力可能会穿过结构件，从而使更大范围的车身构件参与吸收能量，产生变形。碰撞力的这种扩散模式看上去像一个“锥体”（见图 1—2—7），因此车身碰撞常用“锥体理论”来解释。碰撞点是这个锥体的顶点，而锥体的中心线就是碰撞力的方向，锥体的高度和张开的幅度表明了碰撞力穿过承载式车身的方向和范围。但往往碰撞力可能会波及距离碰撞点很远的车身部件，从而造成二次损坏。因此，在对事故车身进行估损时，不能只看碰撞点周边的损坏，全面查看非常重要。

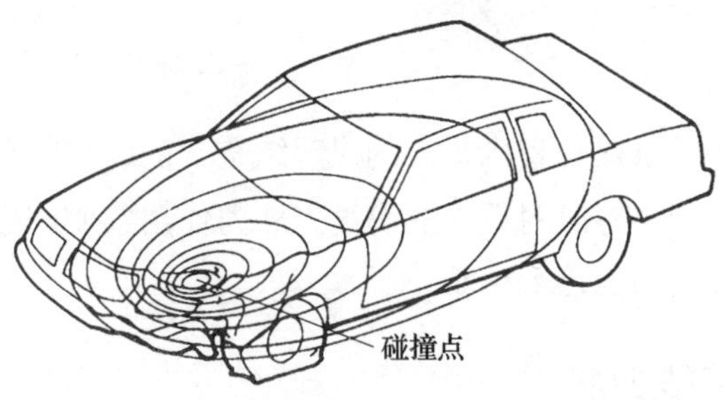

图 1—2—7 碰撞力呈锥体模式在车身上传播

能够有效地吸收碰撞能量，并将能量分散至车身各个部位骨架，从而有效地减少驾驶室的变形和伤害，这是现代车身结构设计理念。

改善车身钢板材料，将强度高的钢板应用于车身内、外板，从而提高车身的抗撞击性；同时提高车身钢板厚度，在一定程度上影响汽车碰撞时的安全性，但不起决定性作用；并且将汽车的前、后车身设计成易溃缩变形的吸能结构，最大限度地保证了驾驶室内乘员的安全，对整体安全性起决定性作用，如图 1—2—8 所示。

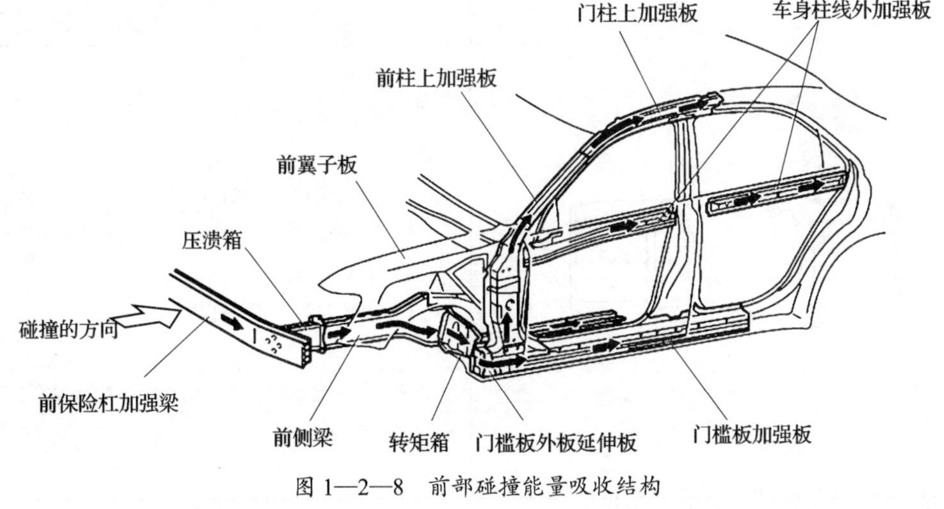

图 1—2—8 前部碰撞能量吸收结构

在车身纵梁、发动机罩、保险杠、车门和行李箱等部位也设计了各种类型的吸能区或防撞梁，发生碰撞时通过弯曲变形吸收能量，以防车体撞向驾驶室，如图 1—2—9 所示。

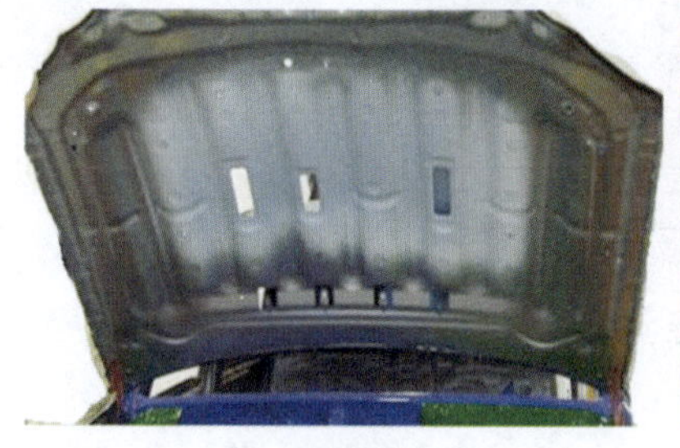

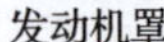

发动机罩

保险杠

前车门

图 1—2—9　各种类型的吸能装置

发动机罩内板上的拱起结构、前纵梁的凸出结构，具备独特的能量吸收和分散功能，降低了碰撞时对行人的伤害；外力作用致使门板变形，防撞杆吸收撞击能量，可进一步减轻碰撞时对人员的伤害。

技能训练

训练 1：车身结构整体变形分析

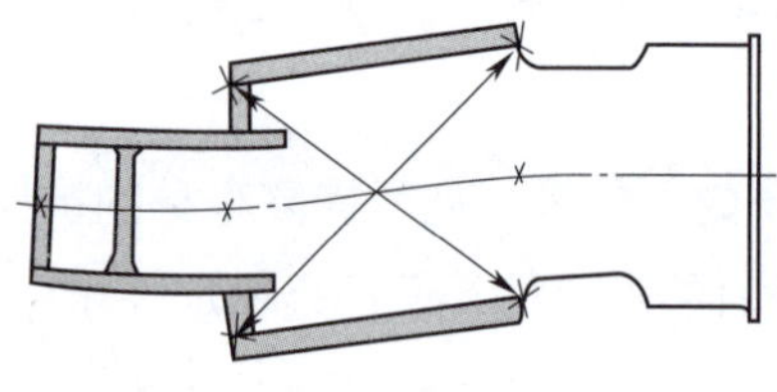

1. 车架对角变形

方法：

（1）碰撞部位：右前部。

（2）碰撞范围：车架严重变形。

（3）损伤类型：直接损伤。

提示：

汽车前部或后部某一点受到撞击，一侧向后部或前部移动，车架或车身呈对角变形，需恢复其强度、尺寸。

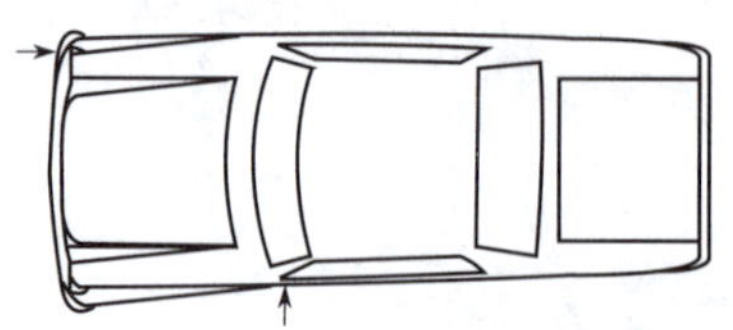

2. 车架弯曲变形

方法：

（1）碰撞部位：左前部。

（2）碰撞范围：车架横向、纵向和高度方向均有不同程度变形。

（3）损伤类型：直接损伤。

提示：

汽车受到撞击，车架前部或后部向上或向下弯曲，需恢复其强度、尺寸。

续表

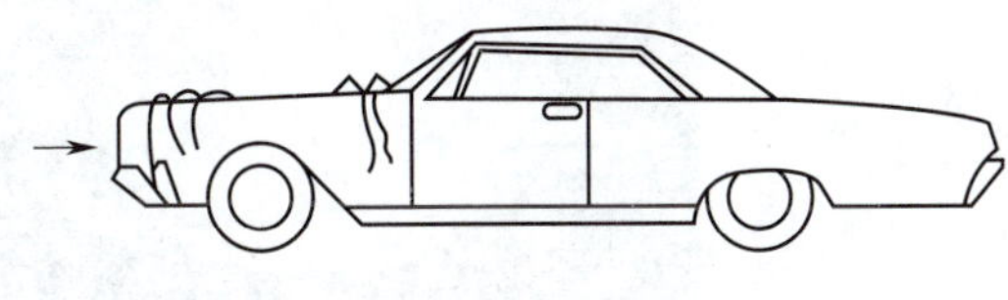	3. 车架挤压变形 （1）碰撞部位：正前部。 （2）碰撞范围：车架纵向和高度方向均有不同程度挤压变形。 （3）损伤类型：直接损伤。 提示： 汽车前部或后部受到撞击，车架或车身严重挤压变形。

训练 2：车身覆盖件变形分析

	1. 翼子板局部变形 （1）碰撞部位：右前部。 （2）碰撞范围：翼子板翼眉周围。 （3）损伤类型：直接损伤。 提示： 进行翼子板变形分析。
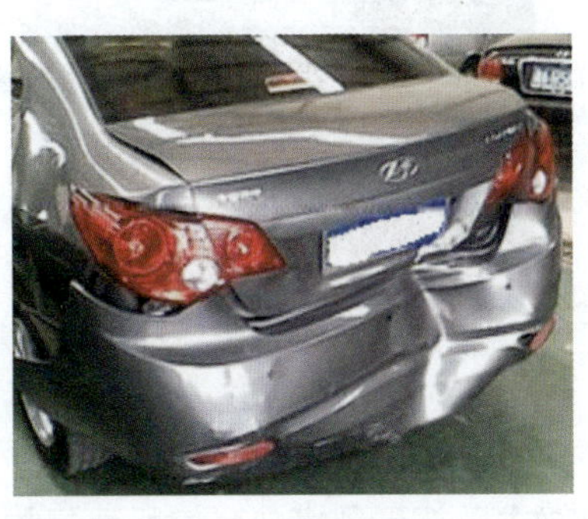	2. 行李箱盖整体变形 （1）碰撞部位：尾部。 （2）碰撞范围：行李箱及后保险杠。 （3）损伤类型：直接损伤。 提示： 进行行李箱盖及后保险杠变形分析。

思考与练习

1. 如何确定损伤范围？
2. 如何确定损伤程度和类型？
3. 学会正确进行车身结构整体变形的检查。

课题三　车身损伤检验

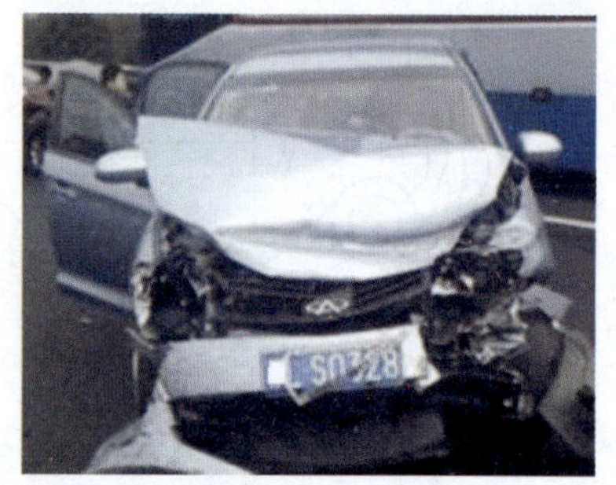

学习目标

1. 掌握事故车辆整体变形的主要形式。
2. 了解事故车辆车身损伤的检验内容。
3. 熟悉并能正确进行车身损伤检验。

知识准备

车身的整体变形要结合目测、先进的仪器和设备进行测量，以判断车身损伤情况。

一、车身整体变形的主要形式

车身的整体变形主要有上下弯曲、左右弯曲、挤压变形、扭曲变形和菱形变形等形式。

1. 上下弯曲

上下弯曲如图 1—3—1 所示，通常是由于车身受到前、后方向上的碰撞，使车身的中央部分处于比正常情况略低的状态，翼子板和车门之间的间隙上部变得狭窄，下部变大。

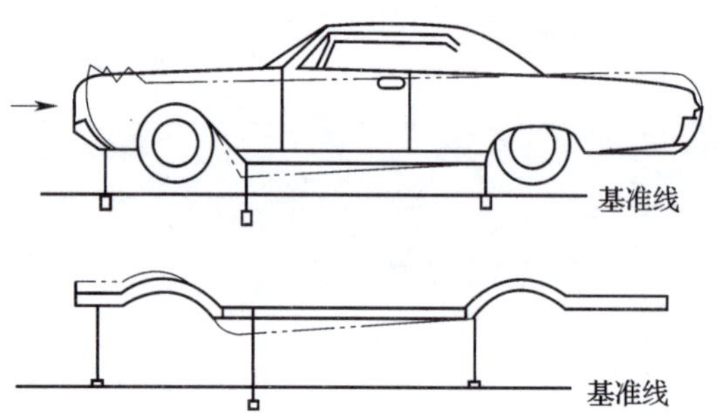

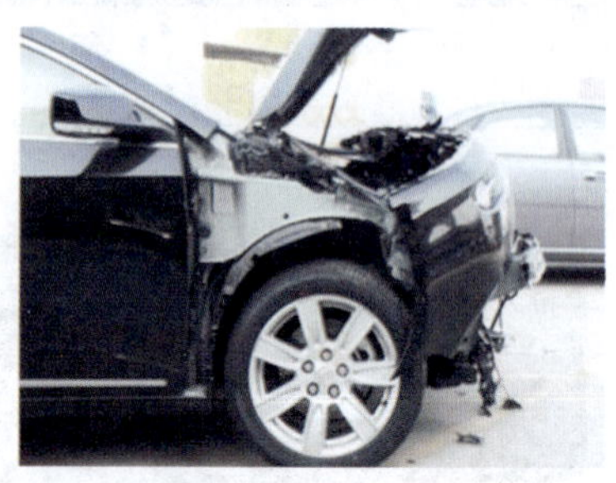

图 1—3—1　上下弯曲

2. 左右弯曲

左右弯曲如图 1—3—2 所示，它是车身前部、中部或后部受到横向碰撞所引起的推压弯曲的变形状态。变形是由横向冲击力造成的，车身的一侧呈压缩状态，另一侧则为拉伸状态。拉伸侧车身的车门间隙扩大，压缩侧车身的车门间隙变狭窄。同时，发动机罩及行李箱盖也因变形而不能正常开关。

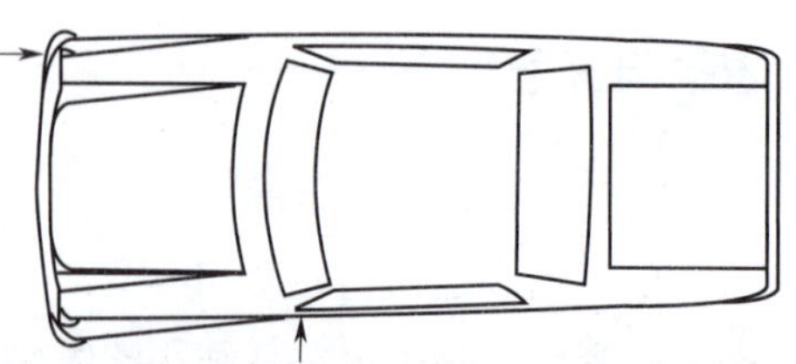

图 1—3—2　左右弯曲

3. 挤压变形

挤压变形一般也是由于车身正面或后面受到

撞击所引起的（见图 1—3—3）。被挤压的车身构件，如前后覆轮盖、发动机罩、行李箱盖等，会产生隆起或卷曲变形，车轮室的上部会被挤高，车身整体尺寸会缩短。

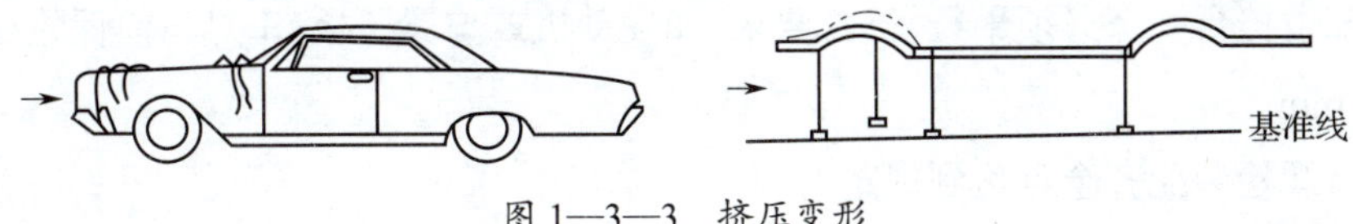

图 1—3—3　挤压变形

4. 扭曲变形

扭曲变形是车身的一角较正常位置略高或略低（见图 1—3—4），有时相邻两角都较正常位置高或低。有的扭曲变形必须通过精细的测量和检查才能发现，所以要求检查时必须认真，不可忽视这一变形。

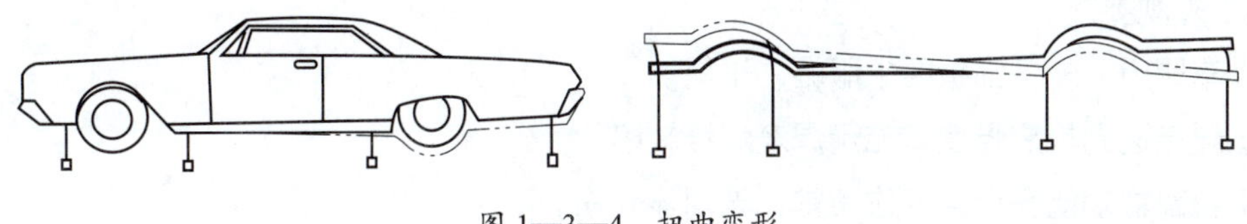

图 1—3—4　扭曲变形

5. 菱形变形

菱形变形是车身单边在前、后方向上受到碰撞，而使得车身变成平行四边形的状态，如图 1—3—5 所示，只有在车身角部受到剧烈的冲击力时才会发生菱形变形。发动机罩或行李箱盖不能与其周边的车身构件良好配合，后角板与其他构件接合处发生扭曲，车身底板也有可能发生皱曲。

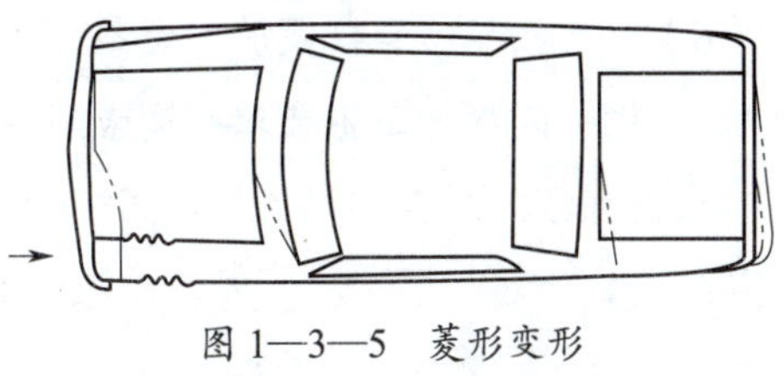

图 1—3—5　菱形变形

二、车身检验的内容

车身检验一般从小修作业和大修作业角度，对汽车车身的尺寸、形状、性能等进行检验，以达到出厂的要求和性能。

1. 小修作业

小修作业的原则是用最有效的工序使金属变形最小，使修理部位基本达到标准要求，修理部位不得有渗水现象或行车发响。

小修作业如涉及大修作业的部分内容，以所涉及作业内容的大修检验标准为准。

2. 大修作业

（1）精度要求

1）不论是车架式还是整体式车身，几何尺寸必须符合修理规定要求，误差分别为 ±5 mm 和 ±3 mm（确保前后轮定位参数值在标准范围内，发动机及变速器、总成能正常安装，不能互相干扰）。

2）车身轮廓线条必须平直流畅，误差为 ±1 mm，且左右两侧对称。

3）各部位接合间隙必须平行，符合要求，如发动机罩与翼子板、车灯与前保险杠、前后门，误差为 ±1 mm。

4）所有螺栓装配齐全且达到规定力矩。

（2）性能要求

1）各活动部件铰接锁扣必须紧固，可靠灵活，操作无异响（如各车门、行李箱盖、车窗铰链、锁扣等）。

2）前照灯、后视镜等必须紧固，能在一定范围内调整。道路行车试验时，保证无异响。

3）车厢内部必须防止雨水渗入或漏水（如车头与车尾挡风玻璃、天窗、车窗、车门等）。

（3）外观要求

1）车厢内、外各饰板要求服帖、干净。

2）焊接达到规定强度，无漏焊及焊接缺陷。

3）各部件功能齐全且工作正常，无明显外伤。

4）根据制造厂商的要求涂抹密封胶及进行防锈处理。

5）所有配件装配齐全。

6）车上物品按原样摆放，设备工具不能遗漏在车上。

7）相关内容如车主要求不换或声明不做时，可不按此项要求检验。

在撞损较为严重的车身上，其结构的整体变形也是较为复杂的，往往是多种变形同时发生并综合到一起的情况。例如，挤压变形与上下弯曲就经常同时出现。利用量具对车身结构进行测量及对整体变形进行判定时，一般都是先测定车身是否有挤压变形，然后再判定是否有上下弯曲和左右弯曲。如车身损伤的扭曲变形和弯曲变形同时存在，一般先恢复扭曲变形再完成弯曲变形作业。最后检查是否有菱形变形，这是判定车身整体变形时常用的一种检查顺序。

在车身损伤的判别中，要避免只重视车身构件直观损伤的检查而轻视车身整体变形测定的倾向。车身修理作业中也是如此，既要注重车身件装饰性方面的修理，更要注意车身结构性方面的校正；否则，撞损汽车修复后常会出现车体倾斜、轮胎磨损异常、车辆跑偏等不良后果，甚至影响到行车安全。如果这时才想到对车身结构进行精确测量和校正，就得把整个钣金修理作业从头做一遍，甚至还要重新进行涂装，额外增加了很多修理时间和维修成本，导致事倍功半。

三、车身检验流程

事故车身主要从车架和车身覆盖件、结构件等方面进行检验，具体检验车架、车身覆盖件有无变形、断裂、折皱，相互间有无干涉，间隙是否符合相关要求，锁紧机构是否松脱，铰链是否松旷等。

车身检验流程如图 1—3—6 所示。

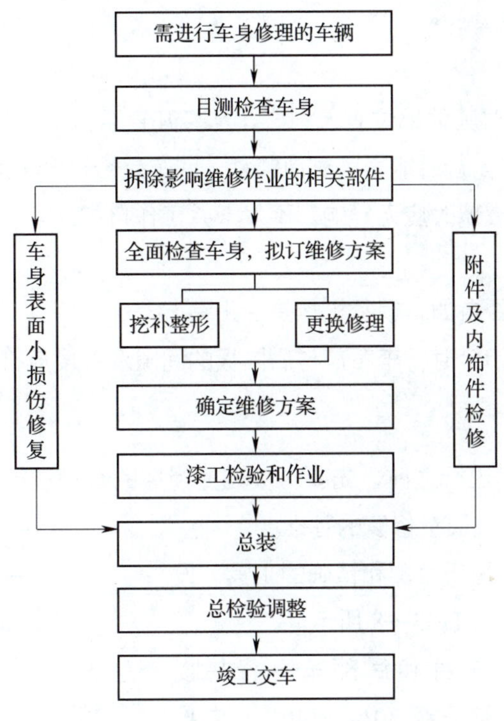

图 1—3—6　车身检验流程

1. 车架变形检验

主要检查车架有无折皱、断裂、弯曲、扭曲等问题，如图 1—3—7 所示。

图 1—3—7　车架变形

2. 车身覆盖件检验

（1）发动机罩和锁扣

1）合上汽车发动机罩进行检查

①是否完全锁牢。

②检查发动机罩与翼子板和前照灯间的间隙，检查其高度方向是否有较大空间。

2）打开发动机罩进行检查

①发动机罩锁扣能否平稳脱开。

②罩锁与发动机罩开启拉索开关工作是否正常。

③铰链行程是否合适。

④支撑柱是否工作正常。

（2）汽车车门

1）检查车门开关时对其他部位有无刮碰，从打开直至停下应运转自如，门铰链工作状况是否良好，有无噪声，闭合时能否可靠地锁紧，间隙是否符合相关要求。

2）升起、降下车门玻璃时应无异响，不发卡并工作自如。

（3）行李箱盖

1）行李箱盖开关是否自如，锁紧机构是否正常。

2）铰链是否松旷，闭合时行李箱盖与后围板的间隙及高度应符合相关要求。

3. 车身检验注意事项

（1）在所有修复程序进行之前，先要对被碰撞损坏的车辆进行全面、细致的损伤评估，彻底、精确的损伤诊断是高质量修复的基础。

（2）检验过程中，需采用目测和精确的工具、设备测量相结合的方法，如图 1—3—8 所示。

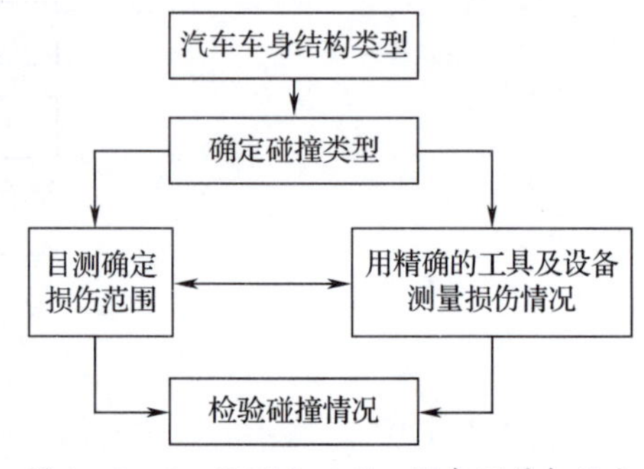

图 1—3—8 目测和工具、设备测量相结合

（3）一般汽车前部车身和后部车身容易损坏，发动机舱的长度会被压缩 30% ~ 40%，中部车身相对设计得结实牢固，乘客舱长度通常被压缩 1% ~ 2%。纵梁和车门防撞梁的缓冲设计如图 1—3—9 所示。

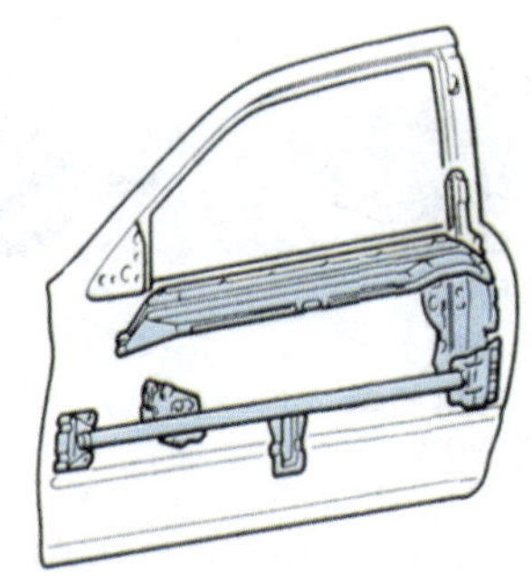

图 1—3—9 纵梁和车门防撞梁的缓冲设计

（4）需沿着碰撞路线系统地检查部件的损伤及波及的部位，直至没有任何损伤痕迹的位置。

（5）测量汽车的主要元件时，通常通过比较汽车维修手册车身尺寸和实际测量尺寸来检查，并比较车身左侧和右侧的尺寸。

（6）一般车辆的质量越大，碰撞时另一辆汽车产生的变形越大。

（7）相关金属刃口要贴上胶带纸或磨平，泄漏的机油等要擦净，焊接、切割前断开车载电脑连接，拆除电气系统时先要卸下蓄电池负极电缆，切断电路，检验时保证照明良好，并注意相关的安全规范。

技能训练

训练 1：车架变形检验

1. 车身前部碰撞

（1）碰撞部位：车身前部。

（2）变形形式：上下弯曲和挤压变形。

（3）检验内容：发动机舱、发动机罩、前保险杠、翼子板、冷凝器及水箱、前纵梁、发动机总成及附件等。

提示：

根据前部碰撞受力情况进行分析，着重对前纵梁、覆盖件、冷凝器及水箱、发动机总成及附件等进行变形检验。

2. 车身中部碰撞

（1）碰撞部位：车身右侧中后部。

（2）变形形式：左右弯曲及挤压变形。

（3）检验内容：右后门、门槛、车顶、车底板、右前门及后围板等。

提示：

根据右侧碰撞受力情况进行分析，着重对车顶、车底板、右后门、门槛、右前门及后围板等进行变形检验。

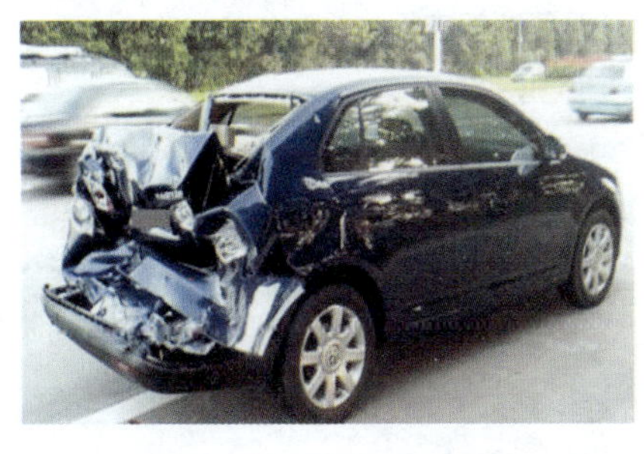

3. 车身后部碰撞

（1）碰撞部位：车身尾部。

（2）变形形式：上下弯曲及挤压变形。

（3）检验内容：行李箱盖、后保险杠、车底板及后围板等。

提示：

根据尾部碰撞受力情况进行分析，着重对行李箱盖、后保险杠、车底板及后围板等进行变形检验。

4. 车身侧翻

（1）碰撞部位：车顶及附近部位。

（2）变形形式：上下弯曲、左右弯曲及扭曲变形等。

（3）检验内容：车顶板、后挡风玻璃、右侧前后门、中柱等部位。

提示：

根据车身侧翻碰撞受力情况进行分析，着重对车顶板、后挡风玻璃、右侧前后门、中柱等部位进行变形检验。

训练 2：车身覆盖件变形检验

	1. 发动机罩 （1）损伤部位：发动机罩表面。 （2）变形形式：刮擦。 （3）检验内容：发动机罩、前照灯、前保险杠及中网等部位。 提示： 根据车身刮擦情况，察看表面是否有划痕，有无明显损伤、凹瘪，漆层有无脱落，发动机罩是否开启自如、有无异响，发动机罩与翼子板、保险杠、前照灯间隙是否均匀。
	2. 保险杠 （1）损伤部位：前保险杠杠皮及饰条。 （2）变形形式：刮擦。 （3）检验内容：前保险杠、发动机罩、前照灯及中网等部位。 提示： 根据车身刮擦情况，察看表面是否有划痕，表面有无明显损伤、开裂，漆层有无脱落，安装是否到位，与发动机罩、前照灯等间隙是否均匀。
	3. 后翼子板 （1）损伤部位：后翼子板表面。 （2）变形形式：撞击。 （3）检验内容：后保险杠、右后门、后照灯等部位。 提示： 根据车身撞击情况，察看表面是否有划痕，表面有无明显损伤、凹瘪，漆层有无脱落，与后照灯、车门等间隙是否均匀。
	4. 车门 （1）损伤部位：左前门外侧。 （2）变形形式：刮擦。 （3）检验内容：左前门表面、门窗玻璃等部位。 提示： 根据车身刮擦情况，察看表面是否有划痕，表面有无明显损伤、凹瘪，漆层有无脱落，车门是否开启自如、无异响，车窗运行情况是否正常，摇窗器是否工作自如。

续表

	5. 天窗 （1）损伤部位：天窗外侧。 （2）变形形式：天窗滑轨损坏。 （3）检验内容：天窗玻璃、滑槽、支架及车顶等部位。 提示： 根据天窗表面损伤情况，察看天窗滑槽是否无异物、杂质，天窗是否开启自如、无异响，活动天窗的定位准确及间隙是否合适，天窗关闭时密封是否良好。

思考与练习

1. 如何确定事故车辆整体变形的形式？
2. 如何确定损伤车辆的检验类型？
3. 描述正确进行事故车辆追尾变形检查的方法和步骤。

单元二　车身测量

课题一　传统式测量

学习目标

1. 了解测量车身尺寸的必要性。
2. 掌握传统测量工具的使用方法。
3. 学会图样的识读。
4. 能正确地运用传统式测量方法对车身尺寸进行测量。

知识准备

车身测量是车身修复程序中必须进行的操作，从事故车的损伤评估、校正到部件的更换、安装、调整等工序都要用到测量。

对整体式车身来说，转向系和悬架是依据汽车装配要求设计的，车身损伤后会严重影响悬架结构的安装基础。汽车车身上这些构件的位置必须正确，一旦变形，会使转向器或悬架工作性能失常，例如，减振性能恶化，转向操作失灵，传动系振动或异响，以及造成拉杆端头、轮胎、齿轮和齿条、常用接头或其他转向装置的过度磨损等。因此，车身测量非常重要。某车身结构尺寸如图 2—1—1 所示。

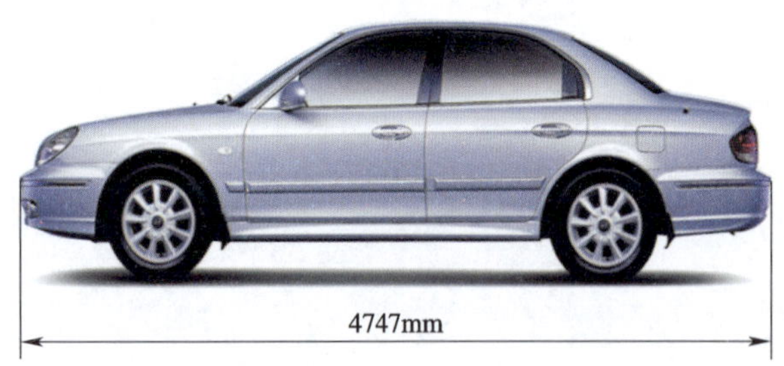

图 2—1—1　某车身结构尺寸

为保证汽车使用性能良好，总成的安装位置必须正确，因此，在修理后要求车身尺寸配合误差不能超过 3 mm。

测量点和测量误差要通过对损伤区域的检查来确定。例如，一般引起车门轻微下垂的前端碰撞，其损伤传递不会超过汽车的中心，后部的测量就没有太多的必要；车门与翼子板、中柱等部件的间隙不能超过 3 mm。而碰撞较严重时必须进行大量的测量，以保证适当的维修和调整顺序。车身修理人员使用测量系统应该做到以下几点：

第一，实时进行测量。

第二，要进行修复前、中、后等多次测量。

第三，重新核实所有的测量结果。

一、传统式测量

传统式测量可以直接获得定向位置上点与点的距离，是最简单、实用的一种测量方法。它主要通过测距来体现车身构件之间的位置状态。传统式测量使用的量具主要是钢卷尺和量规，钢卷尺的使用方法简便，但测量精度低，误差大，仅适用于精度要求不高的场合，但应用起来非常方便、灵活。

1. 用钢卷尺测量

在修理厂里，钣金修理人员常用的基本测量工具有钢板尺和钢卷尺，如图 2—1—2 所示，这两种尺可以测量两个测量点之间的距离。因为钢板尺精度低、端部易磨损、无法放于零件直径的正确测量位置，因此应用较少，而钢卷尺使用方便，应用较为广泛。

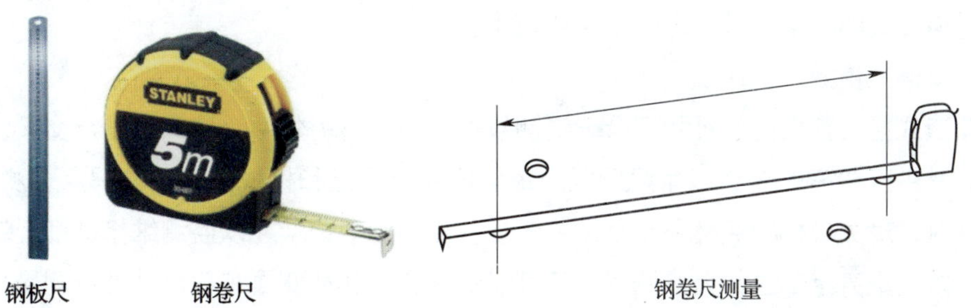

图 2—1—2　用钢卷尺测量

钢卷尺的前端凸出部位较宽，而孔径可能较小，为了测量方便并使测量结果更为精确，钣金维修工通常需将钢卷尺的前端进行加工（见图 2—1—3），再插入孔中测量。如果各测量点之间有障碍将会使测量不准确，这就需要使用专门工具或设备进行测量。

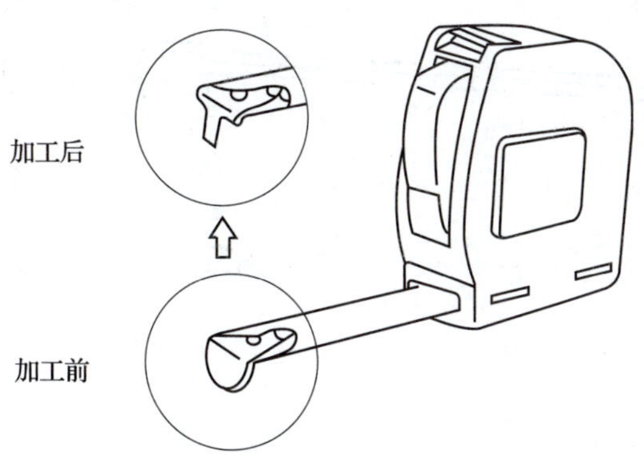

图 2—1—3　钢卷尺的前端加工

用钢卷尺测量孔的中心距时，可从孔的边缘起测量，以便于读数，但应注意两孔径的大小，如图 2—1—4 所示。当两孔的直径相等且孔本身没有变形时，才能以孔的边缘间距代替中心距，即测量两孔中心距离或边缘距离（即 $A=B$）。但当两孔的直径不同时，应测量两孔中心距离 A 或测量后进行计算（即 $\frac{B+C}{2}$）。

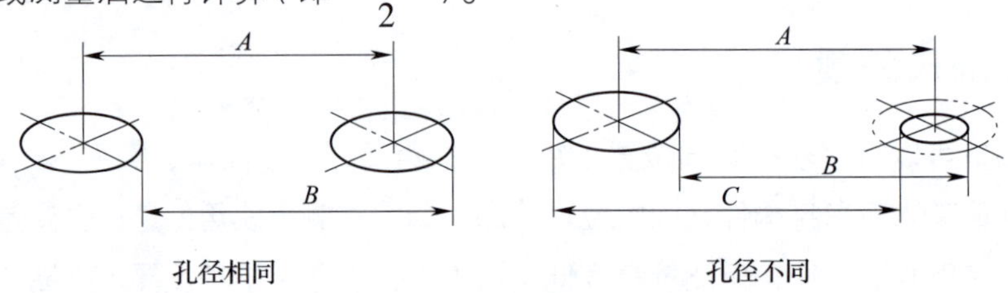

图 2—1—4 测量孔的中心距

2. 用量规测量

量规主要有轨道式量规、中心量规和麦弗逊撑杆式中心量规等多种，它们既可以单独使用，也可互相配合使用。轨道式量规多用于测量点对点之间的距离，中心量规用来检验部件之间是否发生错位，麦弗逊撑杆式中心量规可以测量减振器支座是否发生错位。轨道式量规和麦弗逊撑杆式中心量规可作为一个整体使用。

（1）轨道式量规

用轨道式量规每次能测量和记录一对测量点，同时与另外两个控制点进行交叉测量和对比检验，其中至少有一个为对角线测定。最佳位置为悬架和机械元件上的焊点、测量孔等。修理车身时，对关键控制点必须用轨道式量规反复测定并记录，以监测维修进度。轨道式量规不仅可以在车身上部进行大量测量，还可以对车身下部和侧面车身尺寸进行测量。

用轨道式量规进行点对点测量的方法：在车身结构中，大多数的控制点实际上都是孔、洞，而测量尺寸一般都是中心点至中心点的距离。用轨道式量规对孔进行测量时，一般测量孔的直径比轨道式量规的锥头要小，测量头的锥头起自定心的作用，如图 2—1—5 所示。当测量孔径大于测量头的锥头直径时，为了使测量精确，在测量孔的直径相同时，就需用同缘测量法，一般测两孔边缘。

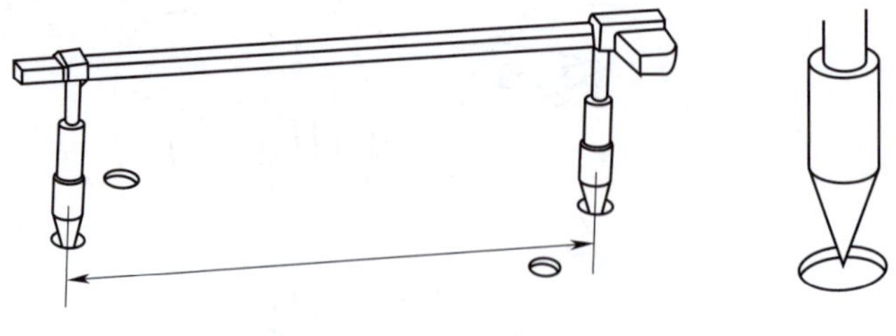

图 2—1—5 用轨道式量规测量

使用轨道式量规测量的注意事项：

1）车上固定点如螺栓孔的测量位置是中心，点至点测量为两点间的直线距离测量。

2）量规臂应与汽车车身平行，要求量规臂上的指针在测量某些尺寸时要设置成不同长度。

3）某些标准车身数据要求对称点测量，有些则要求测量点至点之间的长度，而有的则两者都用。修理人员必须使用与车身表述的数据一致的测量方法，否则就很容易发生错误的测量。

4）按车身标准数据测量受损车辆所有点，损伤的程度通常用标准数据减去实际测量数据来表示。

（2）中心量规

最常用的中心量规是自定心量规（见图 2—1—6），自定心量规的结构同轨道式量规很相似，但它不能用来测量具体数据。自定心量规可安装在汽车的不同位置，在量规上有两个由里向外滑动时总保持平行的横臂，可使量规在汽车不同测量孔上安装。量规（通常为 3 或 4 个）悬挂在汽车上后，每一个横臂相对于量规所附着的车身结构都是平行的，将四个中心量规分别安置在汽车最前端、最后端、前轮后部和后轮前部。

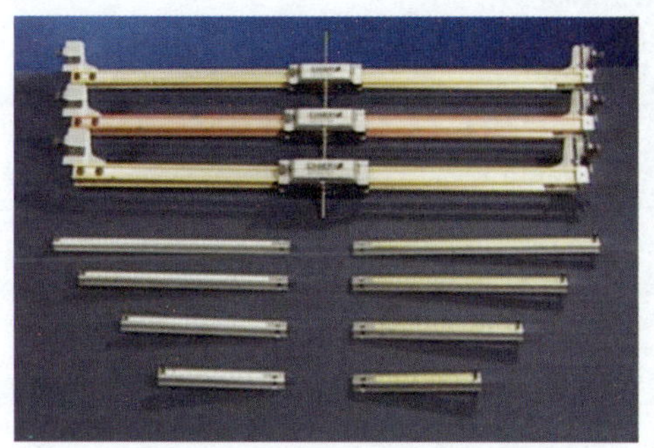
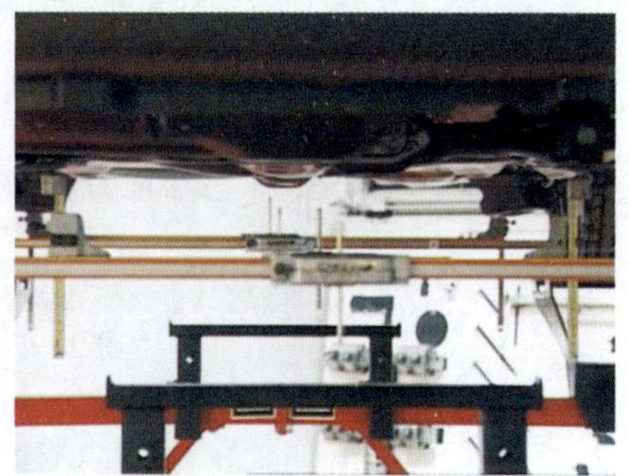

图 2—1—6　用中心量规测量

自定心中心量规测量的原理是找到车辆的基准面、中心面和零点平面等基准，判断它们的偏移情况，在车身维修中只能做一个大体的分析，它不能显示测量的具体数据。具体到每一个尺寸变形量的测量，则需要使用三维测量系统。

（3）麦弗逊撑杆式中心量规

使用麦弗逊撑杆式中心量规可以测量出车身上部部件相对于中心线平面和基准面的不对中情况，它一般安装在减振器的拱形座上，如图 2—1—7 所示。

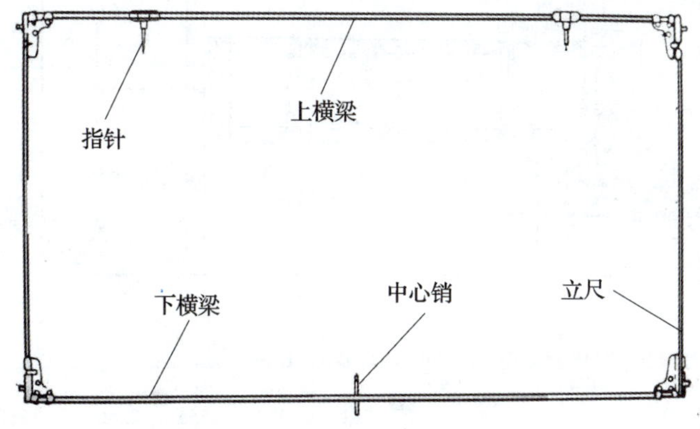

图 2—1—7　用麦弗逊撑杆式中心量规测量

二、车身数据图样的识读

车身数据图样在现代车身维修中十分重要，因此，车身图样的识读对现代精确修车有着直接的影响。不同公司提供的数据图样在形式上可能有所不同，但是基本的数据信息是相同的，都反映出车身上测量点的长、宽、高的三维数据。车身基准如图 2—1—8 所示。

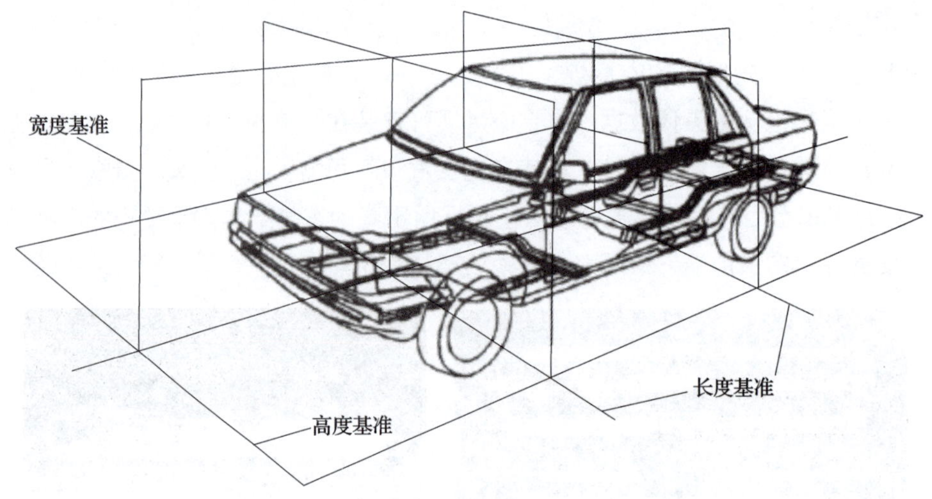

图 2—1—8　车身基准

1. 测量基准

各汽车公司的汽车都有车身图样及数据，数据格式可能不同，但所表达的基本内容是一致的，都提供车身主要结构件、板件（车门、发动机罩、行李箱、翼子板等）的安装位置，机械装置（发动机、悬架、转向系统等）的安装尺寸，如图 2—1—9 所示。

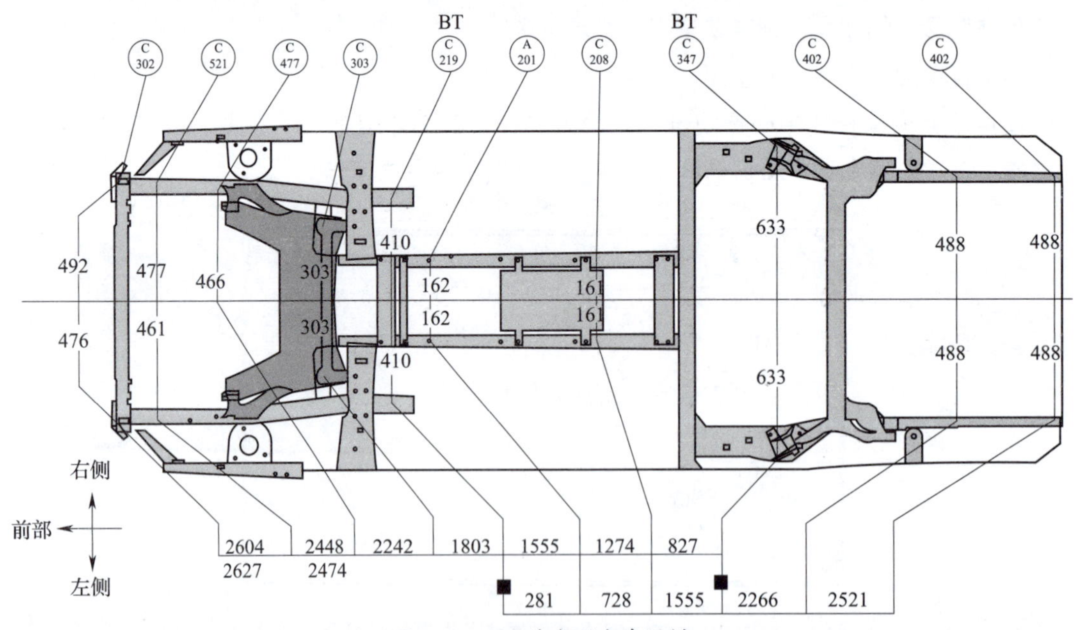

图 2—1—9　某车型车身图样

在车身图样中，■、✖ 或 BT 均表示基准，基准分为前基准和后基准。基准通常都在车身中部，前基准一般在驾驶室与发动机舱交界处，后基准一般在乘客室与行李箱的交界处，是最硬的、最不易撞伤的部位。

2. 车身底部数据图

如图 2—1—10 所示为汽车车身底部数据图。图的左侧部分代表车身的前方，右侧部分代表车身的后方。要读取数据，首先要找到图中长、宽、高的三个基准。

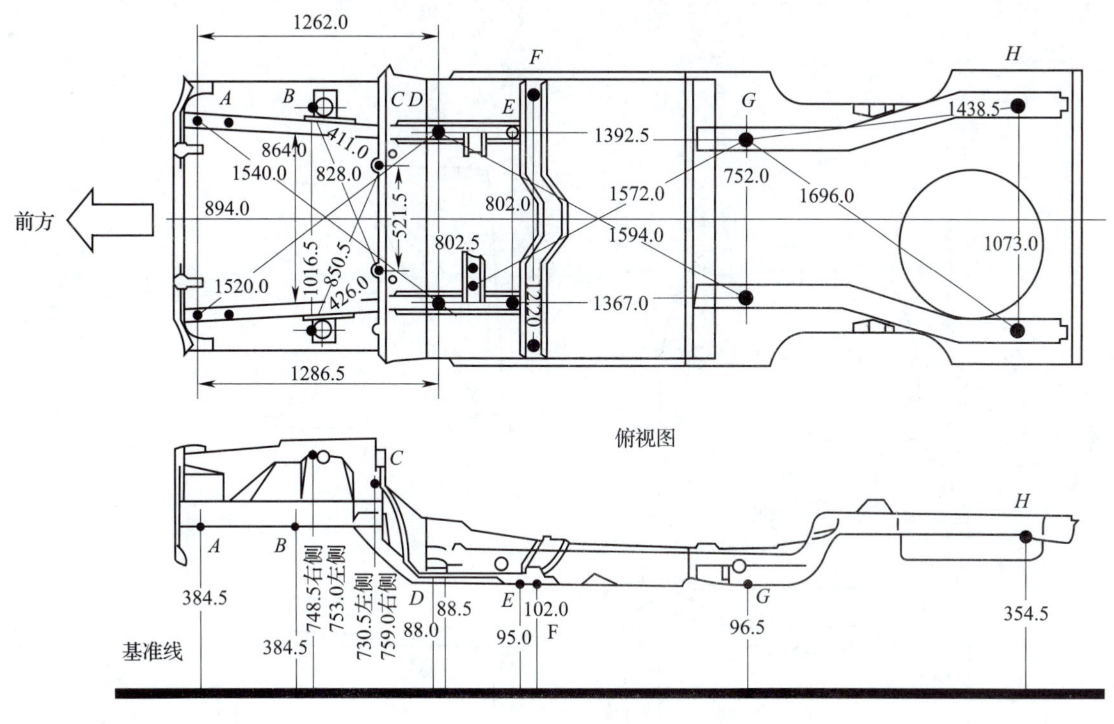

图 2—1—10 汽车车身底部数据图

（1）宽度数据

在俯视图中间位置有一条贯穿左右的线，这条线就是中心面，又称中心线，它把车身一分为二。俯视图上的黑点表示车身上的测量点，一般测量点是左右对称的。两个黑点之间的距离有数据显示，单位是 mm（有些数据图还会在括号内标出英制数据，单位是 in），每个测量点到中心线的宽度数据是图上标出的数据值的二分之一。

（2）高度数据

在侧视图的下方有一条较粗的黑线，这条线就是车身高度的基准线（面）。线的上方有从 *A* 至 *H* 的字母，表示车身测量点的名称，每个字母表示的测量点一般在俯视图上都对应两个左右对称的测量点。俯视图上每个点到高度基准线都有数据显示，这些数据就是测量点的高度值。

（3）长度数据

在驾驶室下面前后分别有一组点（*D* 和 *G*），是长度方向的基准点，即表示长度方向的零点。

3. 车身上部数据图

车身上部数据图主要显示上部车身测量点之间的尺寸数据（见图 2—1—11），包括发动机室部位翼子板安装点、水箱框架安装点、减振器支座安装点和其他测量点，还有前后风窗的测量点，前后门测量点，前、中、后立柱铰链和门锁的测量点，行李箱的测量点等。

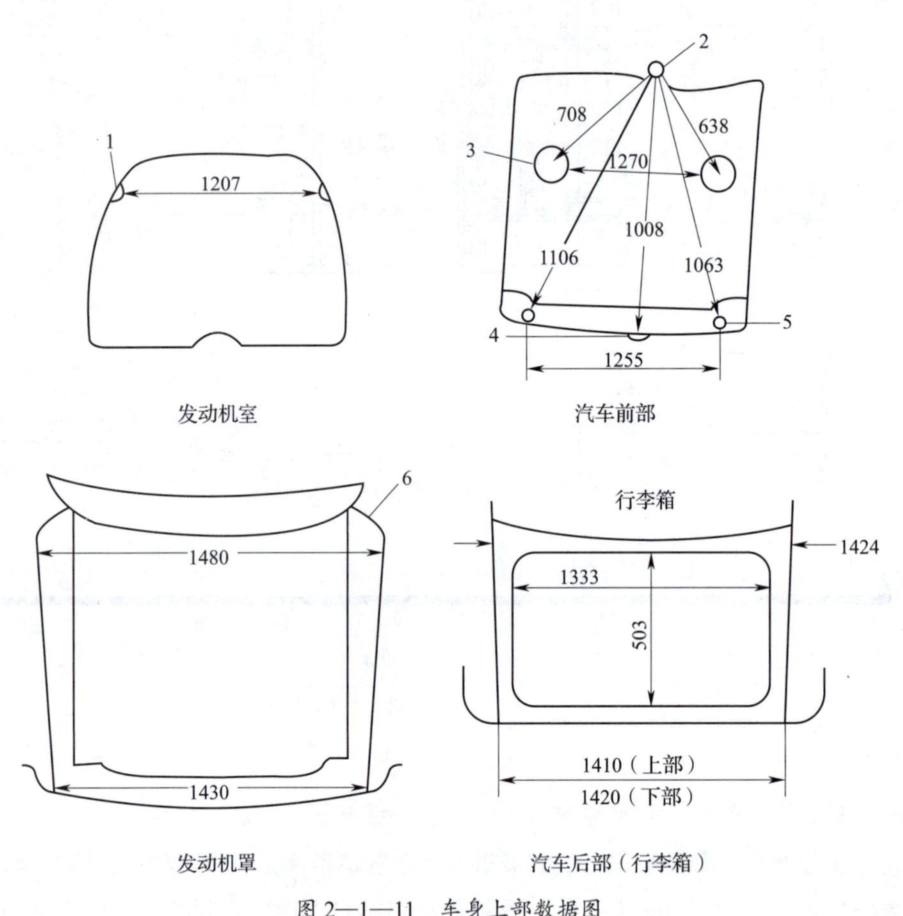

图 2—1—11 车身上部数据图

1—安全带紧固螺栓 2—刮水器枢纽 3—撑杆支柱上的交叉件

4—发动机罩碰销 5—发动机罩减振孔 6—车颈部位

技能训练

训练 1：车身图样的识读

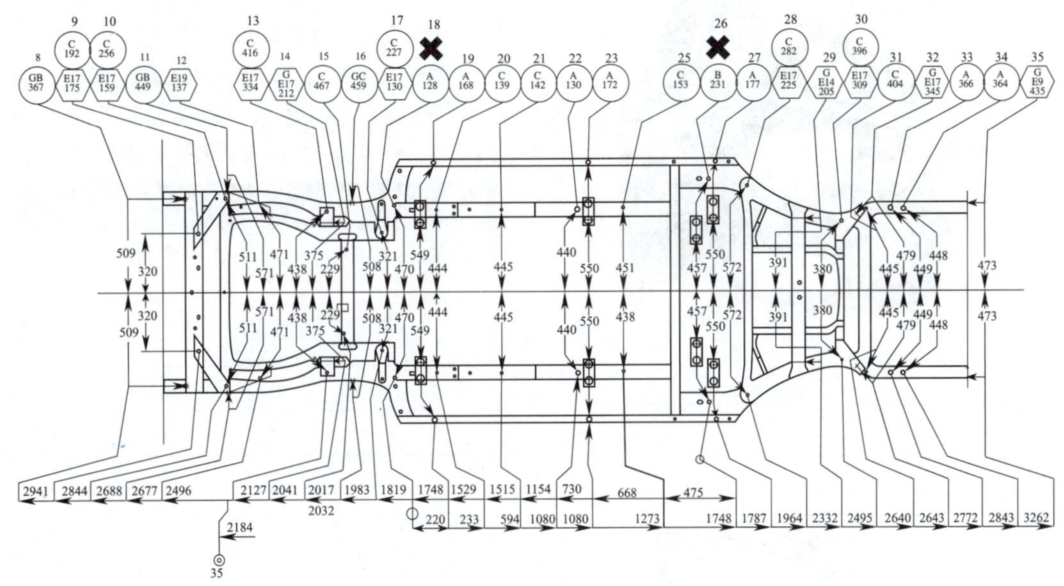

1. 基准的识读

前部基准：________点；宽度尺寸：________mm；高度尺寸：________mm。

后部基准：________点；宽度尺寸：________mm；高度尺寸：________mm。

2. 长度尺寸识读

8 号点：________mm；

16 号点：________mm；

29 号点：________mm；

31 号点：________mm。

3. 宽度尺寸识读

17 号点：________mm；

26 号点：________mm；

27 号点：________mm；

33 号点：________mm。

训练 2：车身测量

采用对角线比较法，用钢卷尺测量尺寸并与维修手册标准数据进行比较，判断车身损伤情况。

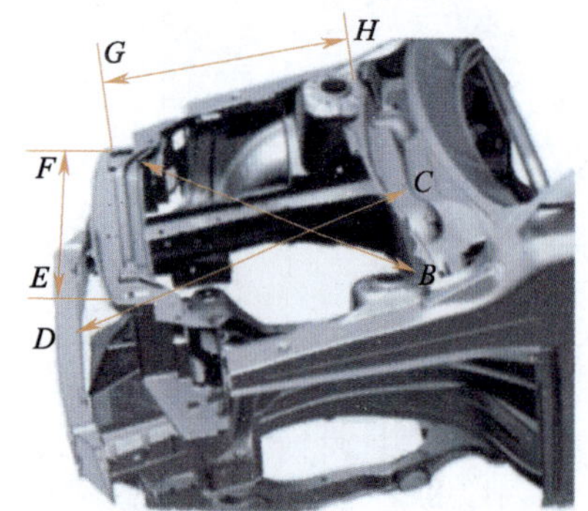

1. 发动机舱的测量

提示：在检查时，用量规测量的最佳部位就是悬架和机械部件的固定点，它们对于正确定位非常重要。每个尺寸都应结合另外两个基准点进行检查，其中至少应有一个基准点在对角线上。检查的尺寸越长，测量越准确。如果利用每个基准点进行两个或更多个位置尺寸的测量，就能保证所得到的结果更为准确，也有助于判断板件损伤的范围和方向。

测量点	测量数据	标准数据	变形情况
AB			
CD			
EF			
GH			

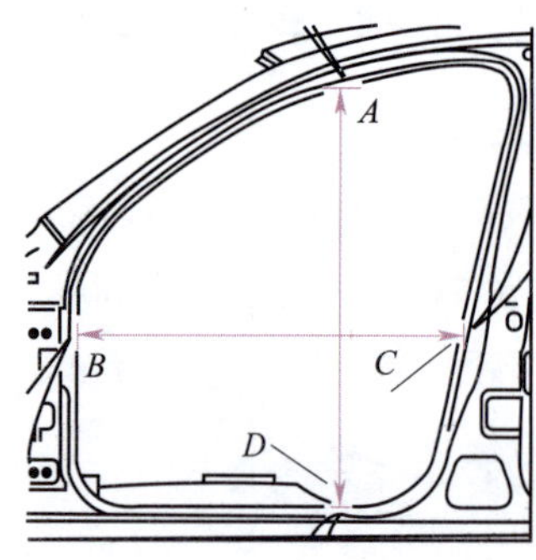

2. 前门框的测量

提示：前门框的尺寸通过测量图中 *A*、*B*、*C*、*D* 四个点之间的尺寸得到，*A* 点表示风窗立柱上的搭接焊缝位置，*B* 点表示前柱铰链的上表面，*C* 点是中柱门锁闩的上表面，*D* 点是前门框底部的上表面。

测量点	测量数据	标准数据	变形情况
AD			
BC			

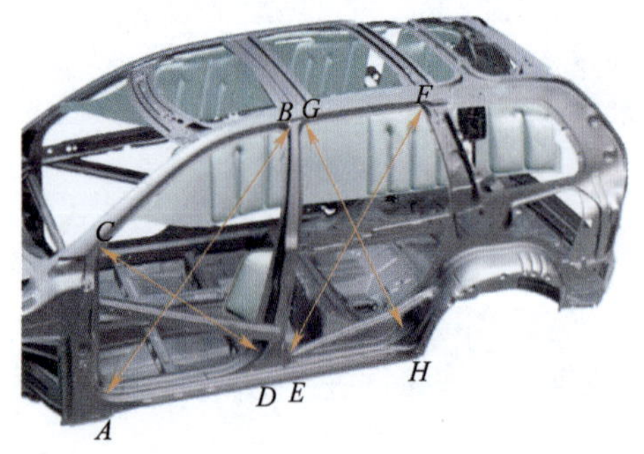

3. 侧围的测量

通过观察车门在开关时的外观及不正常现象，可以判断车身侧围结构是否变形。对于某些变形部位，还应注意可能会出现漏水现象，因此必须进行精确的测量。利用车身的左右对称性，可以直接测量车身的侧围尺寸。

测量点	测量数据	标准数据	变形情况
AB			
CD			
EF			
GH			

续表

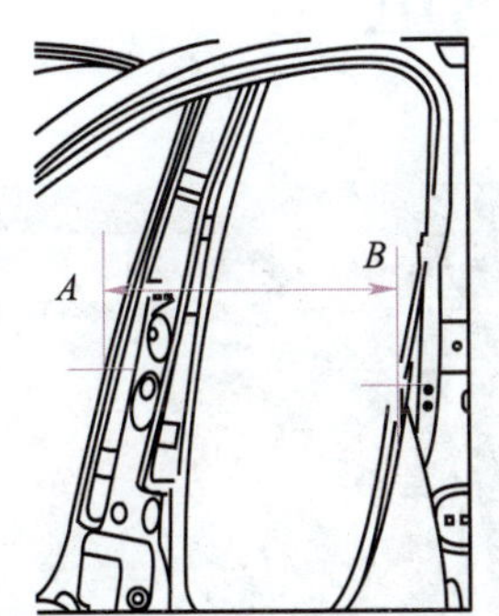

4. 中柱的测量

中柱的尺寸可以通过测量图中 *A*、*B* 两点的距离得到，*A*、*B* 点都表示中柱门锁闩的上面固定螺栓的中心。

测量点	测量数据	标准数据	变形情况
AB			

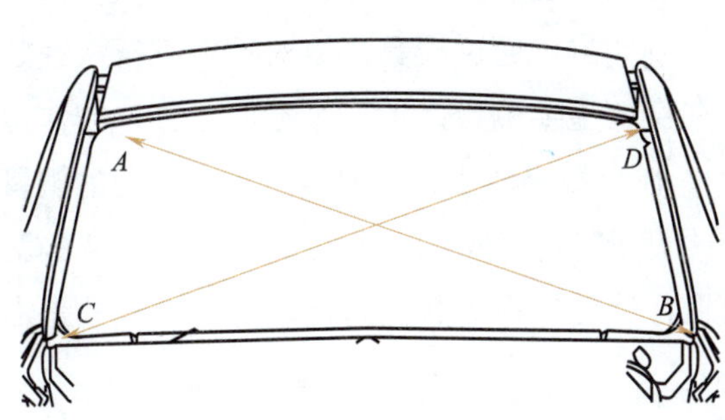

5. 挡风玻璃位置的测量

若汽车前挡风玻璃及后挡风玻璃等部位发生变形，可以用钢卷尺或钢板尺直接测量对角两点的距离，与车身标准尺寸对照，判断其损伤程度。

测量点	测量数据	标准数据	变形情况
AB			
CD			

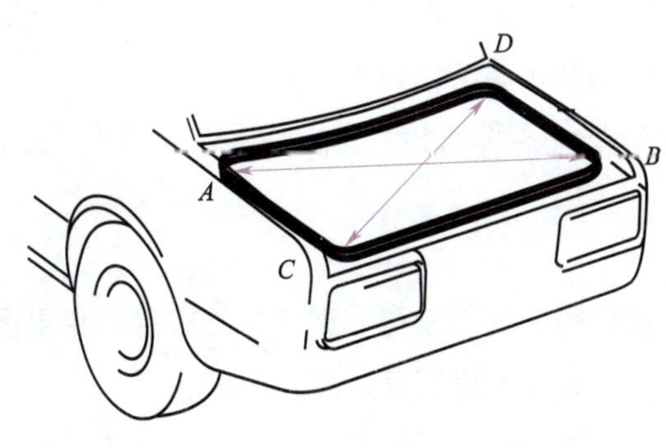

6. 行李箱的测量

提示：通过观察行李箱盖在打开和关闭时的外观及不正常现象，可以初步判断车身后段是否变形。行李箱地板的起皱往往是由于后纵梁弯曲造成的，因而车身后段的测量应与车底的测量结合进行，这样才能有效地进行校正。

测量点	测量数据	标准数据	变形情况
AB			
CD			

思考与练习

如何进行车身图样的识读?

课题二　专用式测量

学习目标

1. 掌握专用测量原理。
2. 熟悉专用测量系统的组成和功用。
3. 准确进行车身专用测量。

知识准备

专用测量系统的设计原理来源于车身的制造过程，在制造和焊接过程中车身板件都是固定在车身模具上的，车身模具是根据车身尺寸制作的，通过模具可以对板件进行快速定位、安装、焊接等工作。专用测量工具是根据车身上主要测量点的三维空间尺寸，制作出一套包含主要测量点的测量头（也称为定位器）。在车身变形后，可以通过车身专用的测量头测量每个主要测量点的尺寸。专用测量系统的测量是把注意力放到控制点与测量头的配合上，而不是像其他测量系统那样要测量出数据，然后与标准数据对比才能知道尺寸是否正确。

一、专用测量系统的功用

1. 能够通过视觉确定出应该进行检测的测量点。如果测量点与专用测量头不配合，就必须对失常的测量点进行校正。

2. 可以同时对所有的测量点进行测定，而不需进行具体的测量。所有测量点都校正准确后，汽车上的转向系统、悬架及发动机装置等也就在正确的位置上了。

3. 专用测量系统可自由进行车身上部、侧面和底部等部位长、宽、高三维数据的测量。

二、专用测量系统的组成

专用测量系统如门式测量系统、米桥式测量系统等在现代车身修理中广泛应用。专用测量系统不但能够同时测量所有基准点，而且能使一部分测量更容易、更精准。

正确安装测量系统的各个部件，用测量头来测量基准点，如果车辆上的基准点与标准数据图上的位置不同，则车辆上的基准点可能发生了变形。如果测量头不在正确的基准点位置上，则车辆尺寸是不正确的。不在正确位置的基准点必须恢复到事故前的标准值，然后才能对其他点进行测量。

以麦特奔腾米桥式测量系统为例，测量系统主要由米桥尺、横尺、测量头、门尺、上横尺及辅助测量头和安装各种用途标尺的固定器组成，如图 2—2—1 和图 2—2—2 所示。对于专用测量系统，测量精度必须达到 ±（1 ~ 1.5）mm。

图 2—2—1　米桥式测量系统的组成

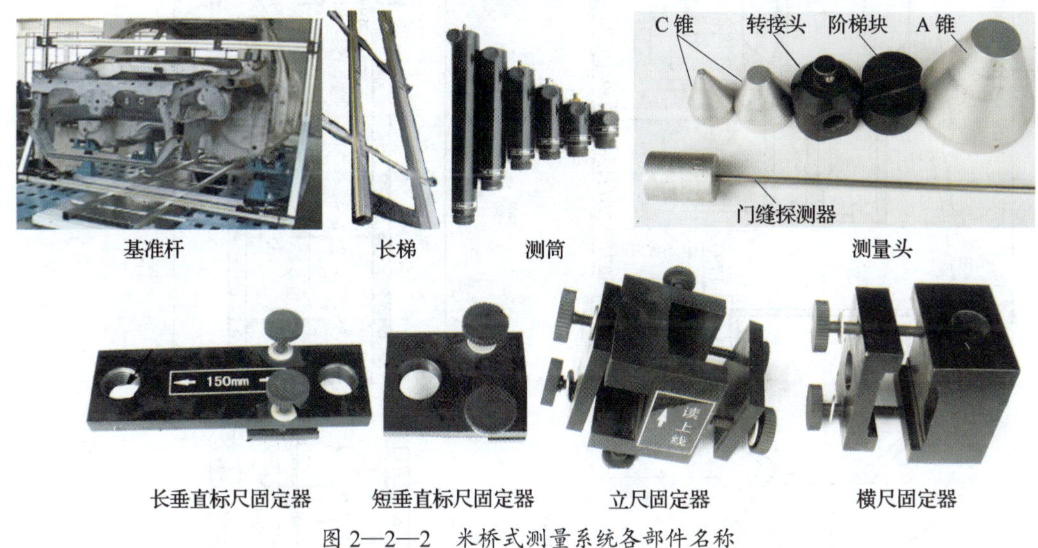

图 2—2—2　米桥式测量系统各部件名称

一套标准的测量头由 4 ～ 25 个既可单独使用又可一起使用的专用测量头组成，很多测量头既可以与固定不动的机械部件结合使用，也可以与能够移动的部件结合使用。一套测量头一般可用来测量车身型号相同的汽车。

三、专用测量系统的测量

1. 穿戴个人防护用品。

2. 在开始测量工作前要做以下准备工作：

（1）拆下可拆卸的损坏件，包括机械部件和车身覆盖件。

（2）如果损坏非常严重，则先对车辆的中部或基础部分进行粗略的校正，然后将中部基准点的尺寸恢复为标准数值。

（3）如果某些机械部件不需要拆除，对这些部件要进行必要的支撑。

3. 读取车身尺寸图样和测量点（见图 2—2—3、图 2—2—4）。

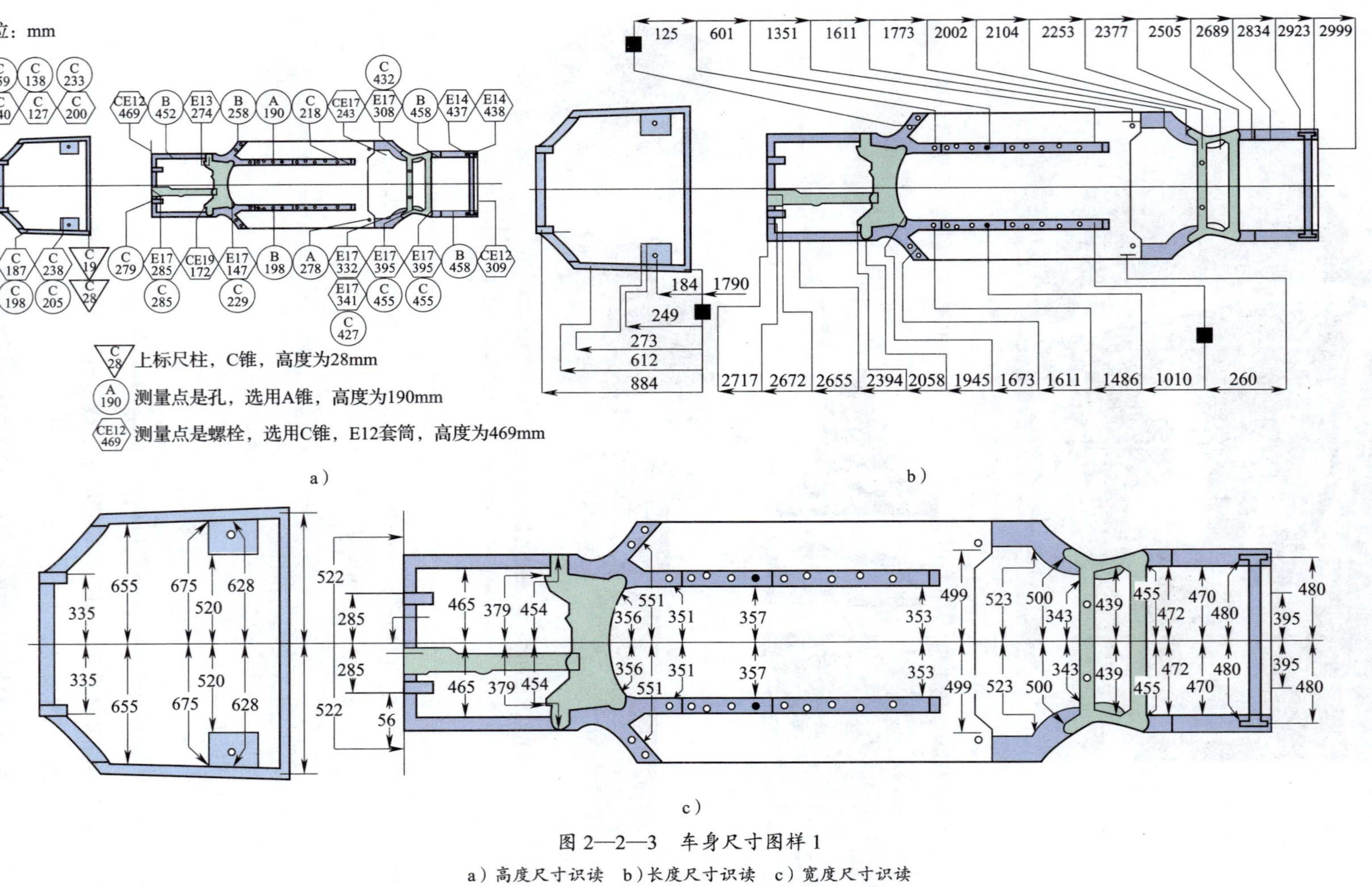

图 2—2—3 车身尺寸图样 1

a）高度尺寸识读 b）长度尺寸识读 c）宽度尺寸识读

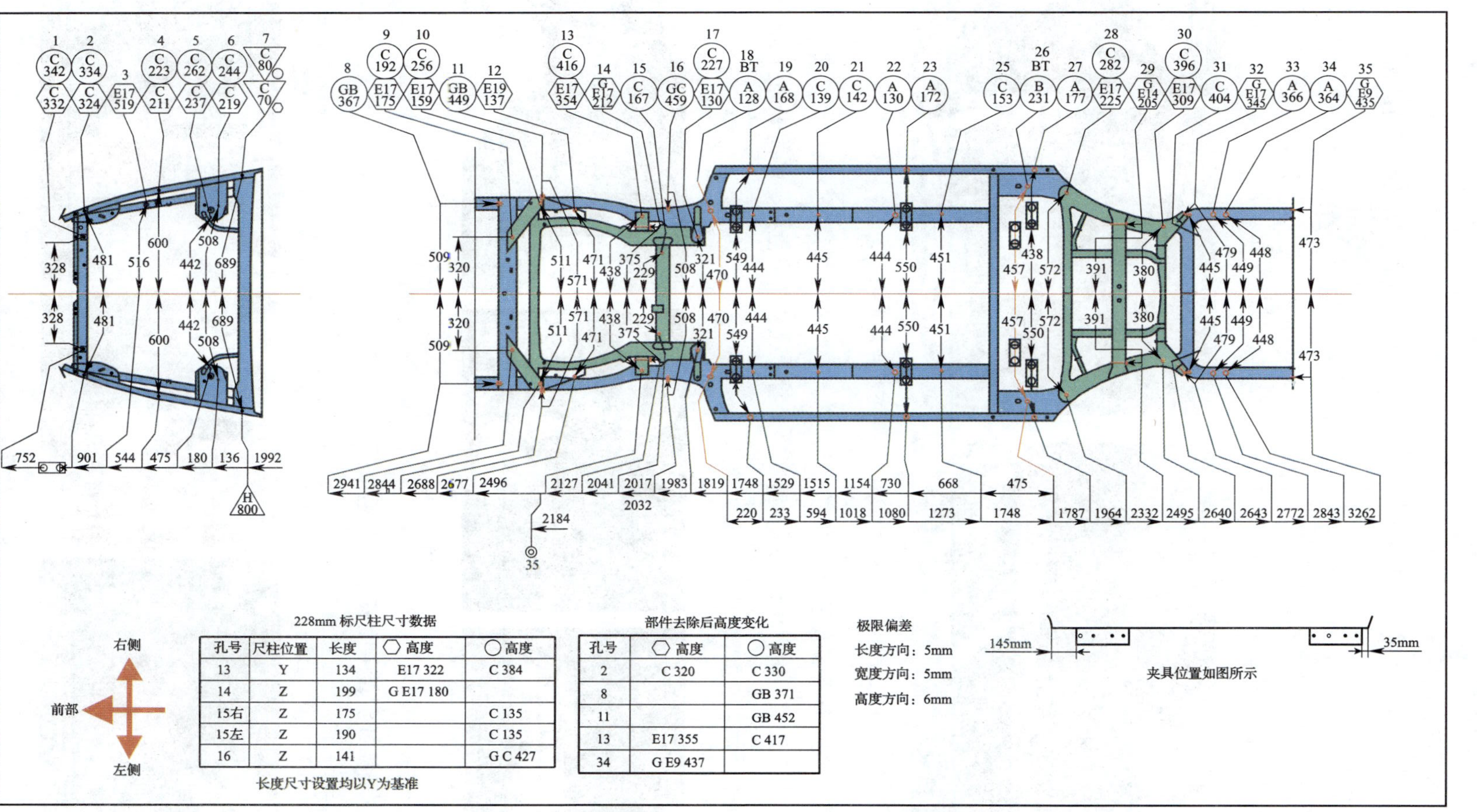

图 2—2—4　车身尺寸图样 2

对照车身尺寸图样，首先查找车身基准点的位置，一般以 B、BT、■或✖表示，两组点分别为前基准点和后基准点。

再以前基准点或后基准点为基准，分别对车身底部、侧面、前部等部位的测量点进行读数，并进行记录。

4. 建立起车辆和测量系统的基准。

安装长梯于居中位置，且前后位置适中，将基准杆放置到位，如图 2—2—5 所示。

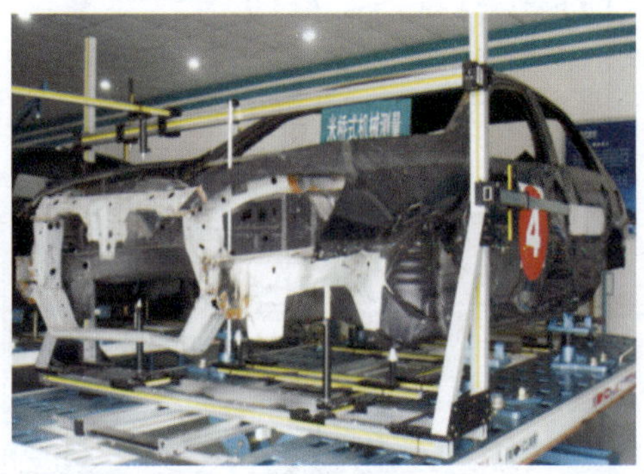

图 2—2—5 安装长梯和基准杆

5. 安装并调整车身测量基准。

打开测量系统通用附件柜，根据车身图样查看情况及对测量头、测筒等进行选择和组装如图 2—2—6 所示。

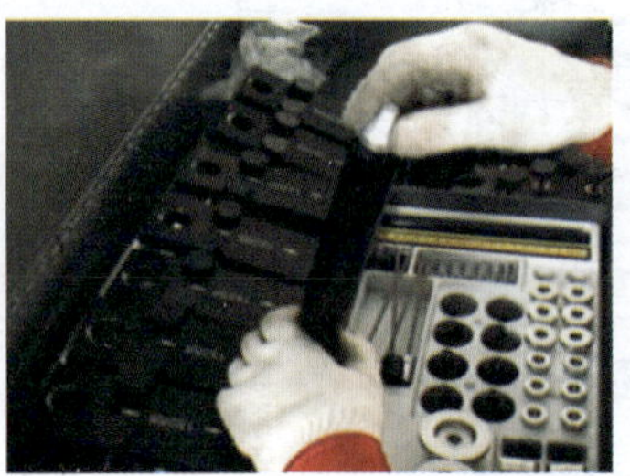
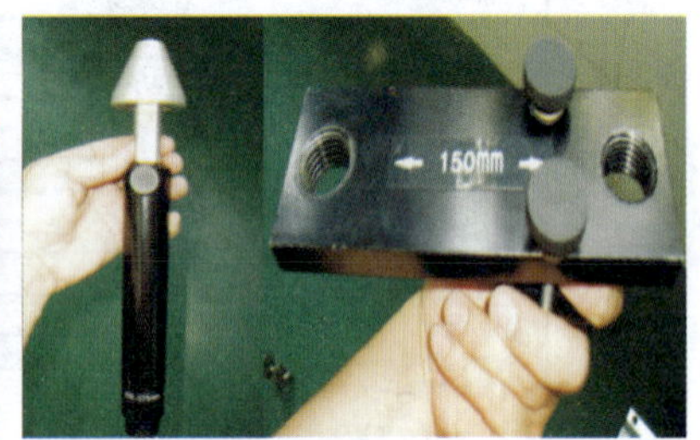

图 2—2—6 选择附件并组装

在测量长梯或测量架上安装好两组横尺，注意安装方向并将测量部件安装到位，如图 2—2—7 所示。

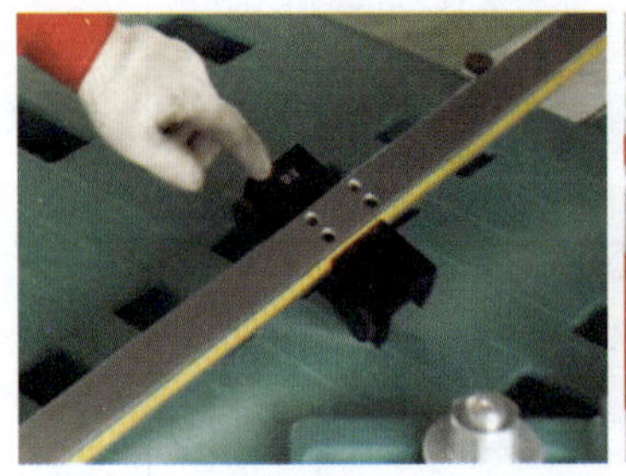

图 2—2—7 安装两组横尺

调整长梯，读取前、后基准的长、宽、高数据，与标准数据对照。如左侧宽度读数与右侧读数一致，则表示基准宽度居中；如左侧前基准与后基准之间长度与右侧前、后基准间读数一致，则表示测量基准到位。

6. 再次对照车身尺寸图样，找其测量点，安装组件，进行测量。

将第三根横尺放置在测量点下方，根据图样选择测量头、测筒、测杆和固定器，并安装测量组件，如图 2—2—8 所示。

图 2—2—8　安装测量组件

7. 最后依次重复测量不同的测量点，记录数据。

读数，进行记录。测量时需将测杆尺度线面对自己，并正视刻度进行读数，如图 2—2—9 所示。

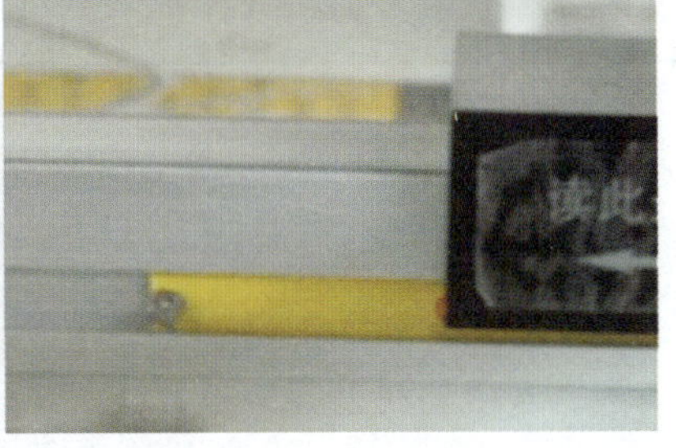

图 2—2—9　调整及读数

8. 测量车身上部不同的测量点，如图 2—2—10 所示。

查看车身尺寸图样的左边部分，选择测量头、测筒、测杆和固定器，并安装测量组件，对相关数据进行记录（见表 2—2—1），将测得数据与标准数据对照，判断其损伤情况。

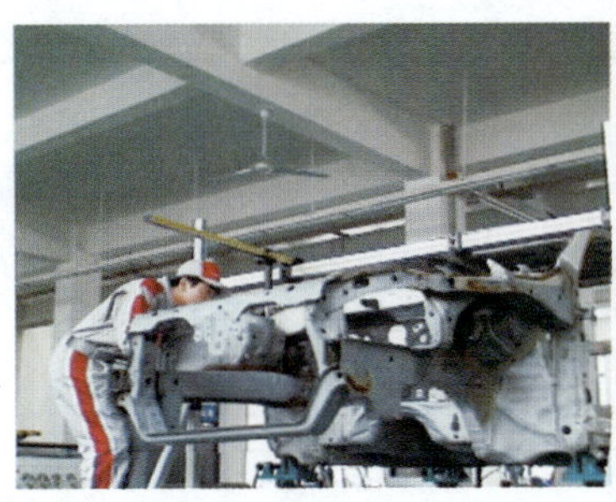
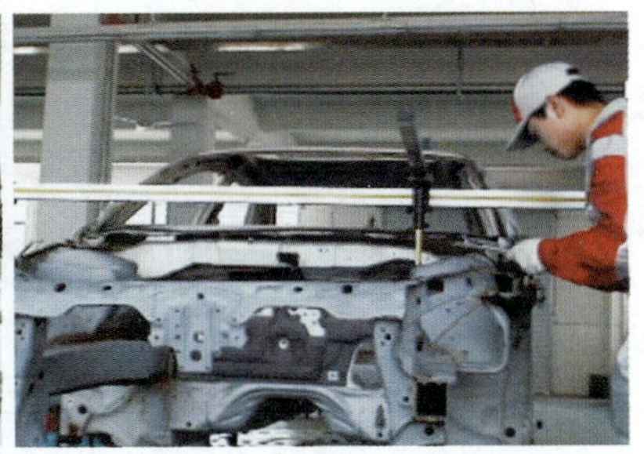

图 2—2—10　车身上部损伤点的测量

操作提示：

1. 量具应轻拿轻放，切勿碰撞，以防量具变形、损坏。
2. 测量中读数时，眼睛与读数部位要平行，以减小读数误差。
3. 测量完毕，量具应马上放回工具车原位。
4. 量具固定螺栓和连接螺栓松动后，重新拧紧时不要用力过大。

表 2—2—1 车身机械测量记录表

测量点		长度测量值	宽度测量值	高度测量值
第一组点______	左侧			
	右侧			
第二组点______	左侧			
	右侧			
第三组点______	左侧			
	右侧			
第四组点______	左侧			
	右侧			
第五组点______	左侧			
	右侧			
第六组点______	左侧			
	右侧			

注：1. 第一、二组点为基准点，在测量点的横线上填写测量点名称。

2. 根据测得数据情况，与标准数据比较，判断其损伤情况。

技能训练

训练：事故车身的机械测量

根据图 2—2—4 所示图样，识读相关标准数据并记录。

1. 基准点的测量

测量点	测量数据		
	长度	宽度	高度
前基准			
后基准			

2. 典型数据点的测量

测量点	测量数据		
	长度	宽度	高度
9 点			
14 点			
20 点			
31 点			

3. 车身上部数据点的测量

测量点	测量数据		
	长度	宽度	高度
2 点			
5 点			
6 点			
7 点			

思考与练习

1. 专用测量系统的功用有哪些？
2. 简述车身专用测量的流程。

课题三　电子式测量

学习目标

1. 了解电子测量的原理。
2. 掌握不同类型的电子测量方法。
3. 学会车身电子测量的操作方法。

知识准备

一、电子测量的功能

电子测量时，每个传感器测量相应点的三维坐标，并转换到基准坐标体系中，实时给出车身测量点的测量结果，完成测量任务。

电子测量系统由传感器、测量软件、控制软件等部分组成（见图 2—3—1），通过计算机和专门的电子传感设备来迅速、便捷地测量车身结构的损伤情况。部分高级的测量系统能够在车身修复校正过程中实时显示测量数据，为维修人员的操作提供很好的参考。

在测量系统的计算机数据库中，存储了大量车型的车身数据，这些车身数据图可以方便地调出。系统自动将实际测量值和标准值进行比较，无须人工查阅相关维修手册或车型数据，提高了工作效率。

二、电子测量的分类

电子测量主要分为半机械半电子测量系统、半自动电子测量系统和全自动电子测量系统三类。

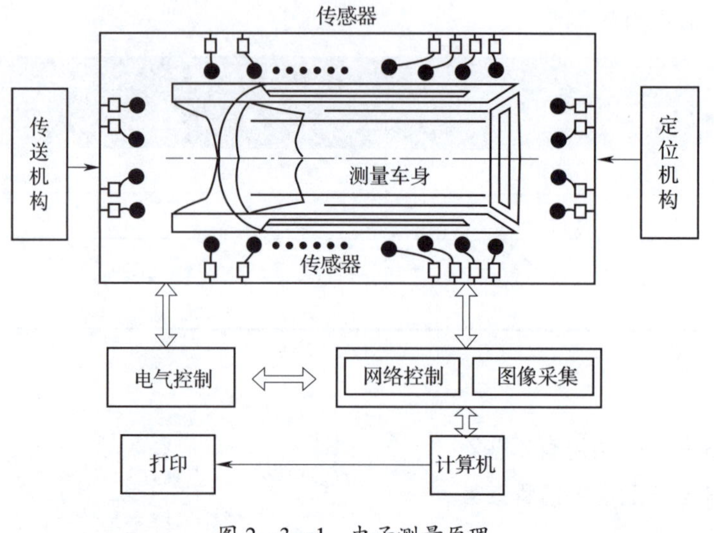

图 2—3—1　电子测量原理

1. 半机械半电子测量系统

半机械半电子测量系统如图 2—3—2 所示，测量工具是一个类似轨道式量规的测尺，在量规上安装了位移传感器，在测尺上可以电子显示测量的高度、长度两个数值，然后把数据通过有线或无线的方式传输到计算机的软件系统内，软件系统将测量数据与系统内标准数据对比，得到测量结果。

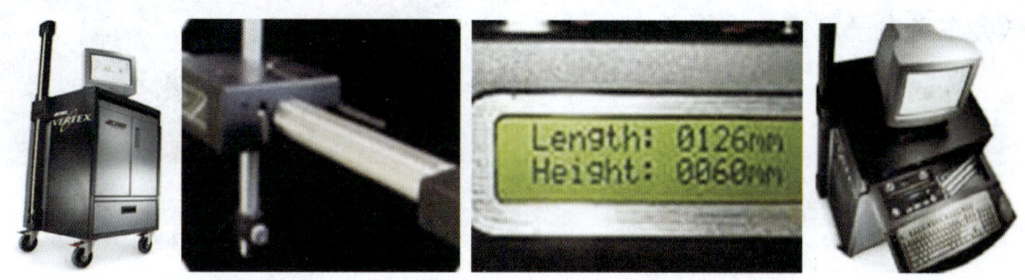

图 2—3—2　半机械半电子测量系统

这种测量系统在测量中每次只能测量一个控制点，不能同时测量多个控制点，同时不能随着测量点数据的变化而及时反应，需要不断反复测量不同的控制点来确定相关数据，操作比较烦琐，效率较低。

2. 半自动电子测量系统

半自动电子测量系统（见图 2—3—3）使用自由臂进行测量，可以使自由臂在一个平面内进行 360° 转动，通过转动可以移动到空间的测量任意位置，在连接处有角度位移传感器，转动的任何一个角度会被传输并记录到计算机上。自由臂的每个臂长是一定的，计算机会自动计算出自由臂端部到达的空间位置的三维数据尺寸。

半自动电子测量系统只有一个测量臂，在测量中每次只能测量一个控制点。有的测量臂的端部是测量指针（见图 2—3—3），控制点变形后测量不准确（如测量一个孔的尺寸，它无法直接找到孔的中心，就需要测量孔的三个边缘才能测量出一个孔的尺寸，孔如有变形则测量不准确）。

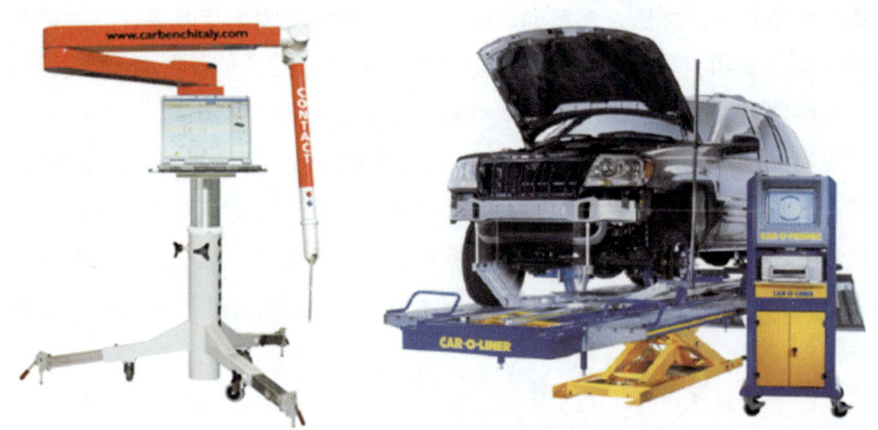

图 2—3—3 半自动电子测量系统

在实际拉伸修复中经常要同时监控多个控制点，而半自动电子测量系统不能满足多点同步进行测量。在测量中要不断重复测量不同的控制点，否则有可能在拉伸中导致有些点拉伸数据的失控。每次拉伸后要进行控制点的测量，不能随着拉伸的进程随时监控数据变化，容易导致过度拉伸而使修复失败。计算机接收系统在测量前需要进行调平，在测量过程中接收器的任何移动会导致基准变化而使测量数据不准确。

3. 全自动电子测量系统

（1）激光测量系统

激光测量系统包括两个反射靶、一个激光发射接收器和一台计算机，如图 2—3—4 所示。现代激光测量系统使用起来相对比较容易而且非常精确。它采用激光测量技术，由两个准分子激光发射器发射激光投射到标靶，每个标靶上有不同的反射光栅，通过接收光栅反射的激光束测量出数据并传输给计算机，由计算机通过计算可以得到测量点的空间三维尺寸。

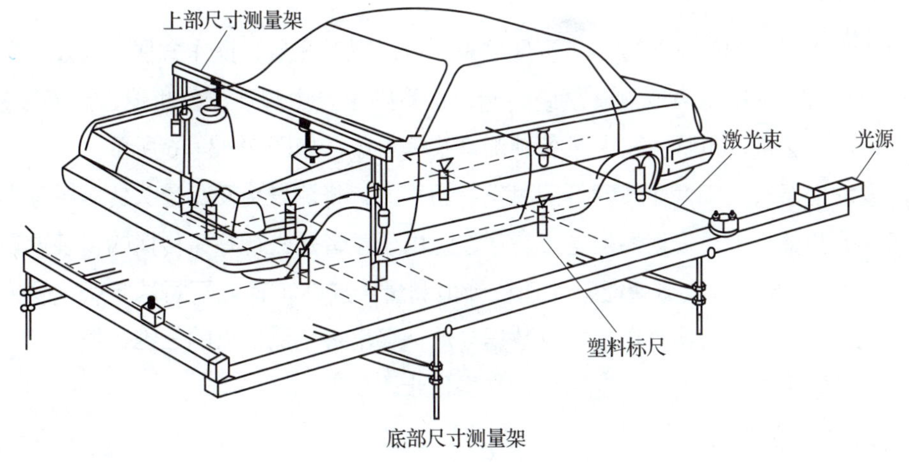

图 2—3—4 激光测量系统

激光系统提供直接且瞬时的尺寸读数，在拉伸和校正作业过程中，车辆的损伤区域和未损伤区域中的基准点都可被持续监测。

将车辆装到校正架上之后，在车辆的中部下面放置激光发射接收器，然后将激光发射接收器的电缆插到计算机上，调出被修车辆的车身数据尺寸图。车身数据尺寸图可能有一个、两个或三个视图，一些图表还给出了发动机罩下面和车身上部的尺寸。

按照计算机的提示选择合适的数字标靶、标杆和磁性安装头，并安装到车辆的测量点上。标靶和安装在测量孔上的磁性安装头通常存放在机柜里。磁性安装头（标靶座）将标靶固定在指定的位置或车辆的基准点上。安装头（标靶座）可以张大，便于安装在车身不同尺寸的孔上。为了测量车身上部的各个点，要在悬架拱形座（挡泥板上冲压成形的减振器支座）上安装一个专用支架。

（2）超声波测量系统

超声波测量系统是目前应用较为广泛的测量系统，它的测量精度可以达到 ±1 mm 以内，测量稳定、精确。它可以对车辆的预检、修理中测量和修理后检验等工作提供有效帮助，现在也用于一些二手车交易中的车身检验工作，如图 2—3—5 所示。

图 2—3—5　超声波测量系统

三、超声波测量系统的使用

超声波测量系统的测量精度高，测量准确，可以瞬时测量，操作方便、高效，操作灵敏度高。以奔腾 SHARK 超声波测量系统为例，该系统主要由超声波发生器、超声波接收器、控制柜（包括计算机，也称主机）及各种测量头等组成，如图 2—3—6 所示。

超声波发生器有上下两个发声源同时发射超声波，将测量头及测量头转接器等安装到车身某一部件的测量点上，发射器发送出超声波。由于声音是进行等速传播的，装置在测量横梁上的上下两排 48 个接收器就能够快速精确地测量声波在车辆上不同基准点之间传播所用的时间。计算机根据每个接收器的接收数据自动计算出每个测量点的三维数据。

超声波测量系统操作方法相对简单，其操作步骤如下：

1. 穿戴个人防护用品。

2. 打开计算机，进入测量系统，如图 2—3—7 所示。

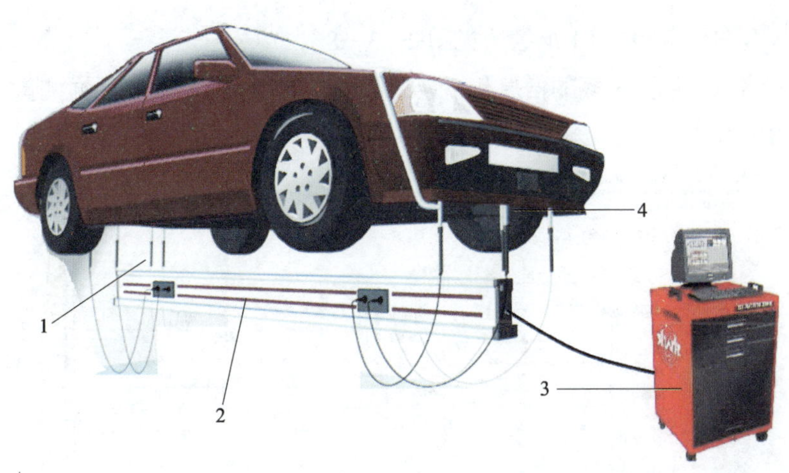

图 2—3—6　超声波测量系统的组成

1—超声波发生器　2—超声波接收器　3—控制柜　4—测量头

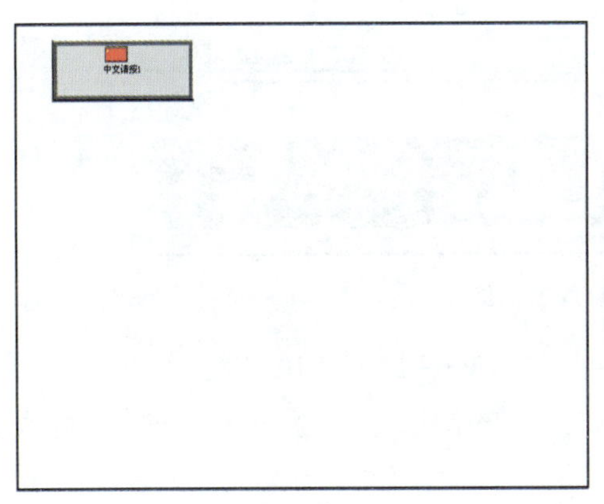

选择语言

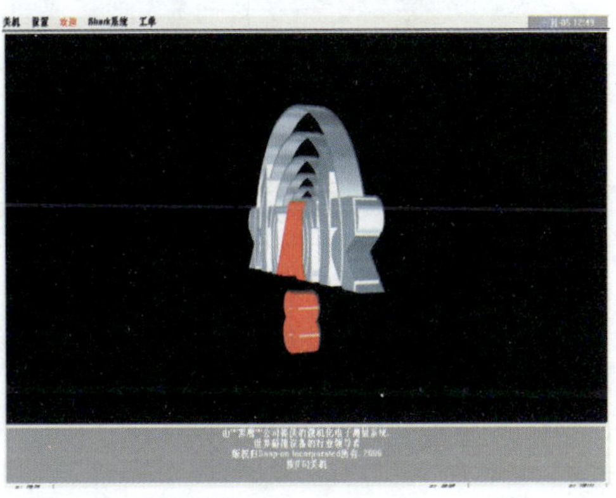

进入初始界面

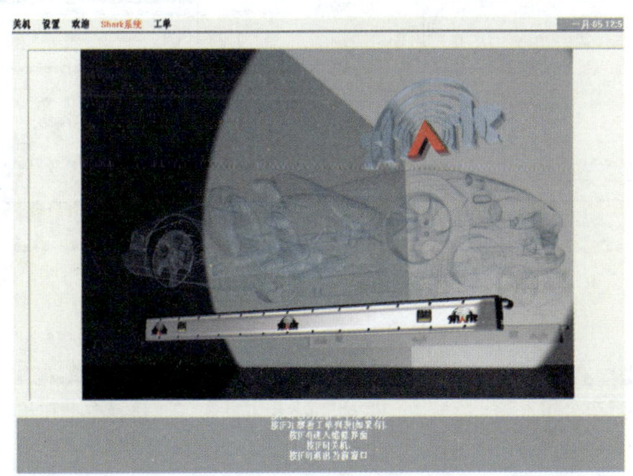

进入工作界面

图 2—3—7　进入系统界面

（1）进入系统界面，选择语言的种类。

（2）选择中文系统，按 F1 进入初始界面和工作界面。

为了方便各国的使用者，系统内安装了包括汉语在内的主要语言种类。

（3）输入客户信息，按 F1 继续（见图 2—3—8）。

记录用户信息，包括车辆的信息和车主的信息，这些信息可以与后面测量的结果一起存储，方便以后再次查询。

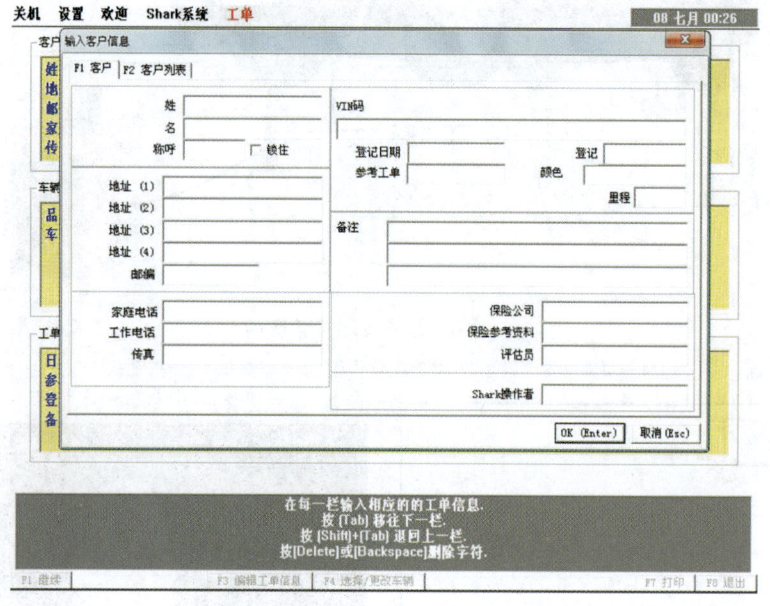

图 2—3—8 输入客户信息

（4）选择汽车公司、车型和年代、型号（见图 2—3—9），按 F1 继续。

根据事故车的类型选择汽车公司、汽车品牌、生产年代，从数据系统内调出符合的车型数据图。

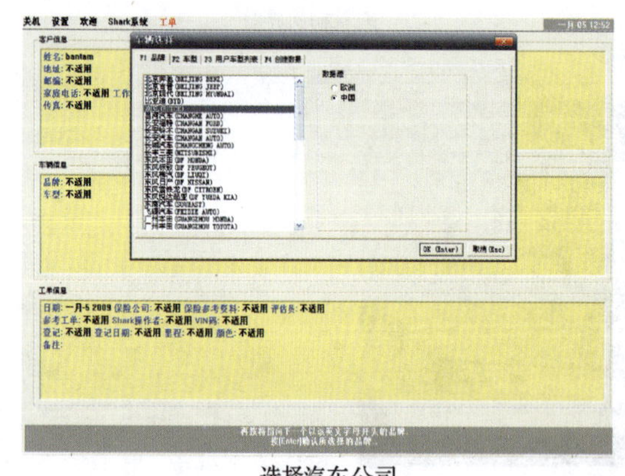

选择汽车公司

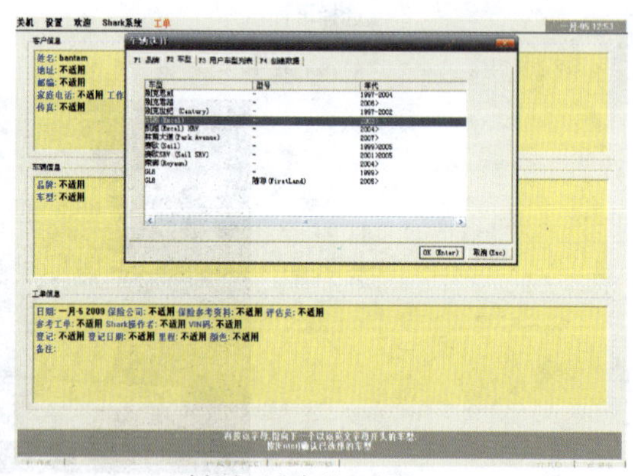

选择车型和年代、型号

图 2—3—9 选择汽车信息

3. 选择测量基准，调整测量系统和车身的基准，安装传感器。

由于每个超声波发生器有两个发射源，接收装置也有多个，系统可以自动计算出宽度和高度的基准。根据车辆的损坏情况选择长度基准，若前端发生碰撞则选择后面的基准点作为长度基准；若后端发生碰撞则选择前面的基准点作为长度基准。因车身中部较为坚固，不易受损，但如果车身中部发生碰撞，则先要对中部进行整修，直到中部四个基准点有三点尺寸恢复后方可对车身前部或后部进行测量。

（1）选择四个基准点 *A* 和 *B*，分别单击图样中 *A* 和 *B* 字母（字母大写为车身有悬架，小写为无悬架），出现如图 2—3—10 所示的对话框。

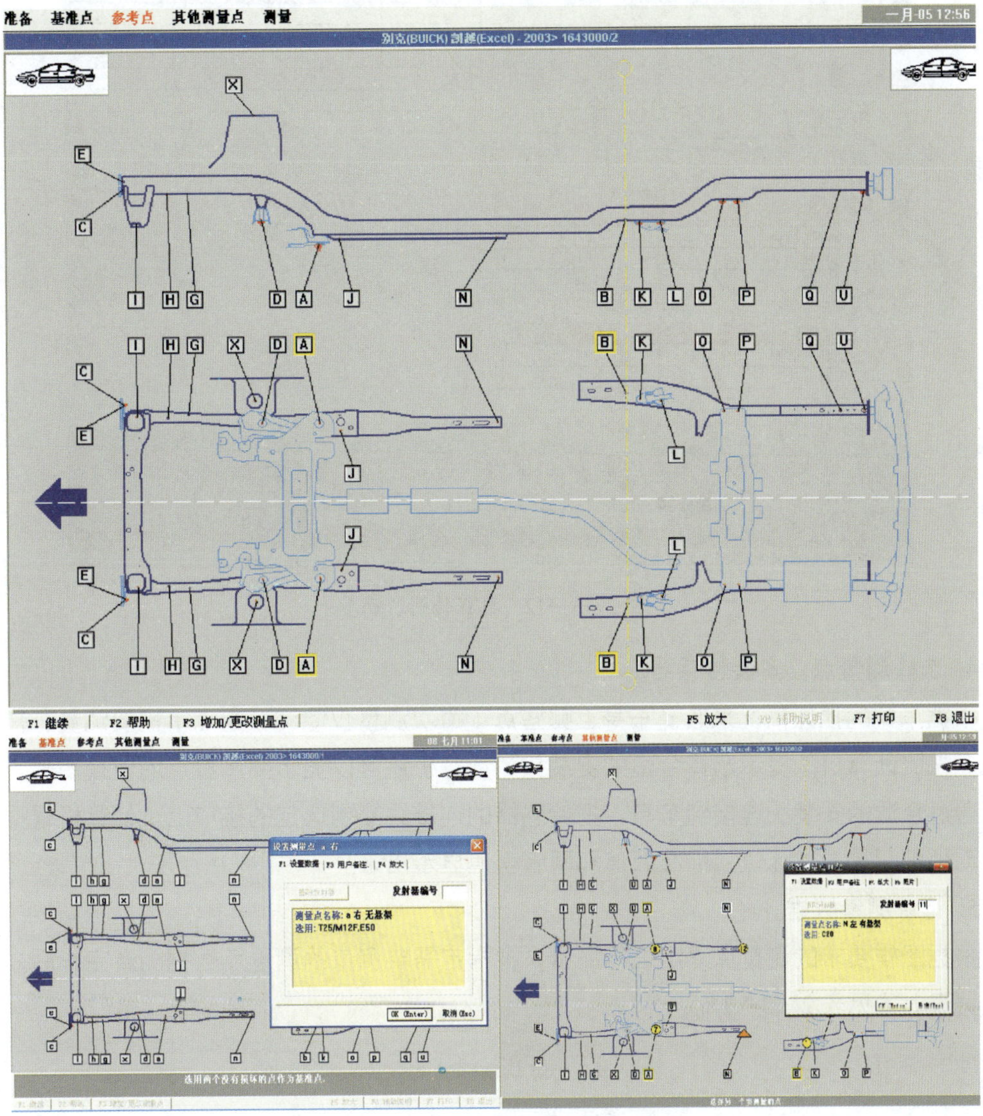

图 2—3—10　选择基准点并输入信息

（2）按对话框的提示要求分别选择测头和测杆，如图 2—3—11 所示。

图 2—3—11　选择测头和测杆、安装传感器

（3）按 F1 继续，让测量系统进行数据传输和调整车身的基准，如图 2—3—12 所示。

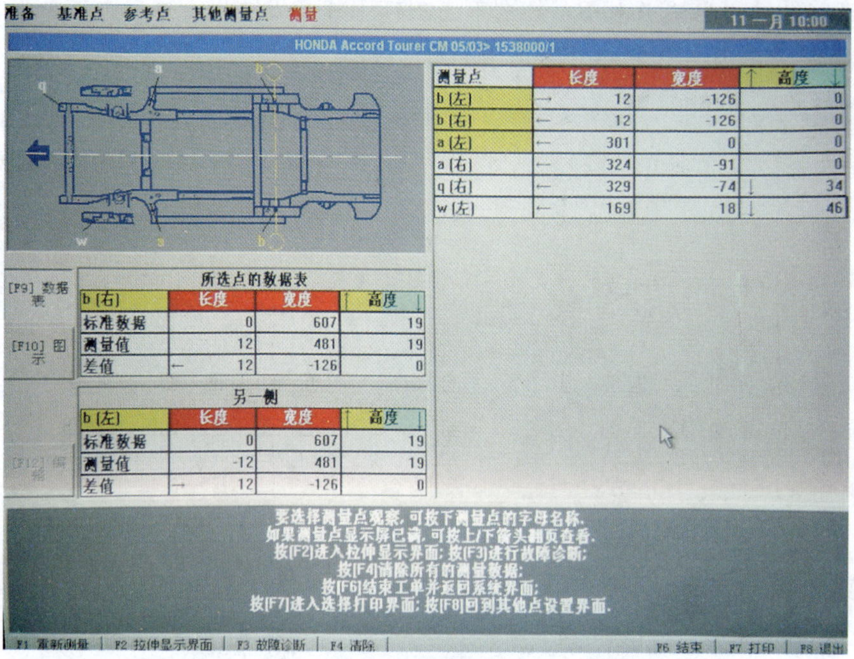

图 2—3—12　数据传输、测量

4. 选择测量点，安装传感器。

根据车身的损坏情况来选择车身上哪些点（每次测量仅能测一组点）需要测量，需要测量的点按照计算机的提示选择合适的安装头，计算机还可以显示要测量点的位置图片。把传感器通过合适的安装头连接到车身，把传感器的连接线接到选定的接口上。计算机根据需要能自动地把测量的实际值、标准数值和两者差值显示出来。

5. 记录测量数据。

根据图样要求的测量点逐组进行测量，把指定需要测量的测量点数据测量完毕后，记录在数据表上（见表 2—3—1）。

表 2—3—1　　测量数据记录

开始时间________　　结束时间________　　成　绩________

测量点		长度测量值	宽度测量值	高度测量值
第一组点______	左侧			
	右侧			
第二组点______	左侧			
	右侧			
第三组点______	左侧			
	右侧			

续表

测量点		长度测量值	宽度测量值	高度测量值
第四组点______	左侧			
	右侧			
第五组点______	左侧			
	右侧			
第六组点______	左侧			
	右侧			

教师签名________　　　　复核签名________

6. 得出所测量数据报告。

根据与标准数据对照情况，判断测量点损伤情况。

7. 进行车上拉伸修复，再次进行数据测量。

对损伤部位进行修复、拉伸校正中的测量。系统会自动每隔很短时间发射一次超声波进行测量，并把最新的测量结果在显示器上实时刷新（见表 2—3—2）。超声波测量系统在测量过程中，测量不会相互干扰，系统每隔 1 ~ 2 s 会自动重新测量一次，把环境对它的影响减小到最小。

表 2—3—2　　最新测量

SHARK W32

车身电子测量系统

测量结果

测量点	方向	资料尺寸			测量尺寸			差别（D–M）		
		长	宽	高	长	宽	高	长	宽	高
a	L	0	410	–7	0	410	–7	0	0	0
a	R	0	410	–7	0	410	–8	0	0	–1
b	L	–1 525	541	118	–1 525	541	117	0	0	–1
b	R	1 525	541	118	–1 523	541	119	2	0	1
d	L	1 048	476	82	1 052	477	84	4	1	2
d	R	1 071	492	82	1 074	491	84	3	–1	2
e	L	892	461	295	890	461	295	–2	0	0
e	R	917	477	295	922	476	295	5	–1	0
f	L	667	392	318	663	392	319	–4	0	1
f	R	686	466	255	689	464	255	3	–2	0
i	L	–123	162	3	–123	162	4	0	0	1
i	R	–123	162	3	–123	162	4	0	0	1
l	L	–1 970	500	177	–1 968	499	177	2	–1	0
l	R	–1 970	488	177	–1 971	488	177	–1	0	0
n	L	–2 522	500	195	–2 522	499	177	0	–1	–18
n	R	–2 522	486	194	–2 524	486	176	–2	0	–18

8. 结束测量后，退出测量系统，把计算机恢复到原始界面，把各个部件放回原处，防护用品放回原处。

9. 清洁、清理场地。

技能训练

训练：事故车身的电子测量

根据图 2—3—10 所示图样，识读相关数据并填写。

1. 车身的基准点测量

测量点		测量数据		
		长度	宽度	高度
基准 *a* 点	左			
	右			
基准 *b* 点	左			
	右			

2. 典型数据点的测量

测量点		测量数据		
		长度	宽度	高度
x 点	左			
	右			
g 点	左			
	右			
h 点	左			
	右			
n 点	左			
	右			

3. 车身纵梁数据点的测量

测量点		测量数据			损伤 情况
		长度	宽度	高度	
c 点	左				
	右				
d 点	左				
	右				
e 点	左				
	右				

思考与练习

1. 简述超声波测量系统工作原理。
2. 如何进行测量系统车身基准的调整?
3. 简述电子测量操作流程。

单元三　车 身 校 正

课题一　车身整形的安全防护

学习目标

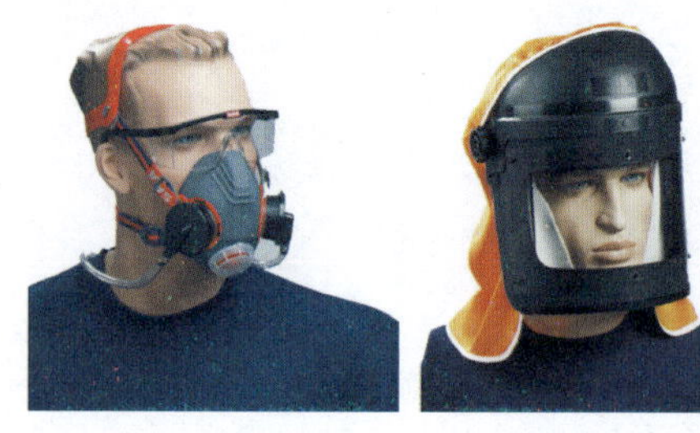

1. 了解车身维修车间的布置及区域划分。
2. 熟悉车身维修车间的电气和消防安全事项。
3. 能按车身整形工艺要求进行安全防护。

知识准备

一、车间布置

在车身整形工作区域要完成事故车辆的检查、车辆零部件的拆卸、板件维修、车身测量校正、车身钣金更换和车身装复调整等工作。

维修车间需有良好的通风，水、电、气的设施安全可靠，消防设施符合要求，维修期间对车辆的管理安全到位。在作业区内从事钣金作业，如焊接、打磨、切割操作时，都会排出有毒气体、粉尘或噪声，这不仅对人身体有害，且对维修质量也有影响。

车身校正工位是车身整形工作区最重要的工位，同时也是完成工作量最多的工位。此工位要放置一台车身校正系统，车身校正系统平台的长度一般为 5 ~ 6 m，宽度一般为 2 ~ 2.5 m，在车身校正系统周围至少要有 1.5 ~ 2 m 的操作空间。因此，车身校正工位的长度一般为 8 ~ 10 m，宽度一般为 5 ~ 6.5 m，如图 3—1—1 所示。

车身维修车间的用电量很大，一般都不小于 15 A，而大功率的电阻点焊焊接电流不小于 30 A，所以要在车身校正工位附近设置一个专用的配电箱供车身修复焊接用电，配电箱的位置距离车身校正系统不能超过 15 m，以防止线路过热，如图 3—1—2 所示。

一般车间要有一个压缩空气房，各个工位要有压缩空气接口，管路要沿墙壁布置，布置高度不超过 1 m，也可布置在靠近车间顶板的位置。每个工位至少要留出 2 个接口，并安装开关，采用快速接头，如图 3—1—3 所示。

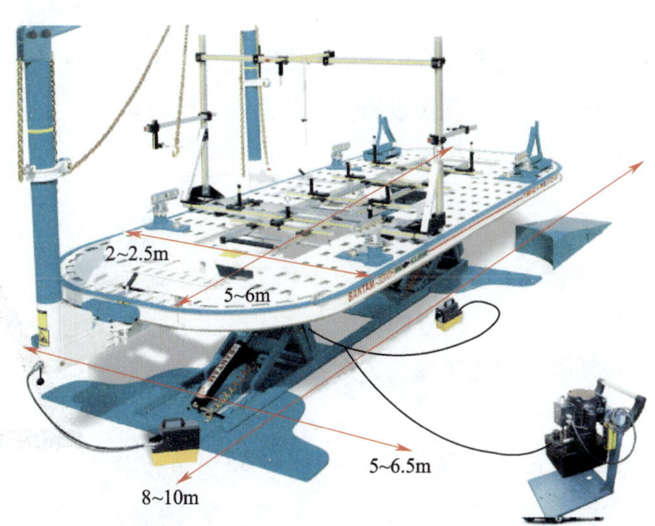

图 3—1—1　车身校正工位

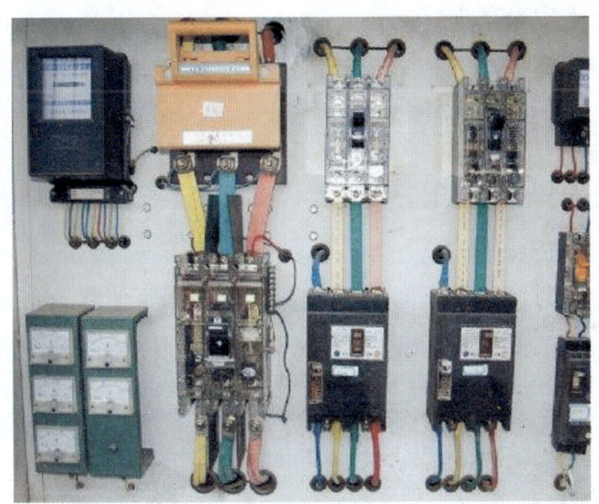

图 3—1—2　车身维修车间专用的配电箱

空气压缩机

储气罐

压缩空气接口

图 3—1—3　压缩机设备

二、车间安全

在维修车间应确保车辆的安全，不要让无驾驶证的人驾驶车辆，车辆在车间移动的时候，要按车间内规定的固定路线行驶，确保没有人或物品挡住道路。

1. 电气安全

车身维修作业过程中，经常使用电动工具，利用交流电的时候较多，为了保证用电安全，在维修和使用设备和工具前，必须先断开电源，否则会有电击危险，严重的可能造成人员死亡。

在使用过程中，必须保持地面干燥，发现有导线漏电应及时进行修复或更换。

应该确保电动工具和设备的电源线正确接地。如果电源线中的接地插头断裂，则应更换插头后再使用工具。按工具的使用说明书正确进行导线连接，并正确使用。

如图 3—1—4 所示为安全用电标志。

图 3—1—4 安全用电标志

2. 消防安全

汽车维修企业在车间内一般设有明显的安全警示标志，配备水龙头、防火沙、灭火器等消防设施，以阻止火灾的发生。同时，设有专门车间存放汽油、油漆、香蕉水、混合气体等各种易燃品。

车间应配备足量的多用途的灭火器，摆放在车间的固定位置，定期检查更换，保证性能完好，并有标志。灭火器可扑灭易燃物、易燃液体和电气火灾，每个员工都要掌握使用方法，如图 3—1—5 所示。

图 3—1—5 灭火器及操作

在车身维修操作过程中经常产生明火，极易造成火灾，要注意以下防火事项。

（1）车身维修车间禁止吸烟。

（2）不能将火柴或打火机等火种带入车间。

（3）易燃材料要专人妥善保管，不要有泄漏现象。

（4）燃油箱要在作业前排空、清洗、拆下，必要时要用湿布对燃油箱的修理部位进行冷却。

（5）为了防止电气火灾，在进行电气作业或车身作业前，要断开蓄电池。

（6）进行焊接或切割作业时，高热量的火星可飞溅很远，因此，不要在存有油漆或易燃液体的地点附近进行焊接或切割作业。

（7）注意在内饰件附近切割或焊接时，要防止内饰件被点着，应适当地用湿布遮盖，同时要在旁边准备一桶水和一个灭火器。

（8）一旦发生火灾，要冷静处理，采取必要的措施进行扑救，及时拨打火警电话报警。同时，注意及时撤离火灾现场。

3. 工具生产安全

车身维修使用的工具和设备有手动的、气动的和电动的三类。使用工具和设备的基本安全要求如下：

（1）手动工具要保持清洁和完好。应经常清洁沾有油污和其他杂物的工具，检查其是否有破损，以免使用时发生机械事故、伤及人身。

（2）使用锐利或有尖角的工具时应当小心操作，以免不慎划伤不应触及的部位或伤及人身。

（3）不要将旋具、手钻、冲头等锐利工具放在口袋中，以免伤及本人或划伤汽车表面。

（4）用气动或电动工具从事打磨、修整、喷砂或类似作业时，必须戴安全镜。

（5）清理电动工具在工作时所产生的切屑或碎片时，必须让电动工具停止转动，切勿在转动过程中用手或刷子去清理。

（6）气动工具必须在规定的压力下工作。禁止利用压缩空气来清洁衣物，吹气枪更不能直接对着皮肤吹。

4. 设备操作安全

车身维修作业前，点火开关应置于关闭位置，同时拉起驻车制动器。

在维修过程中，应遵守车身校正设备、各类焊机、整形设备、举升设备等的安全操作事项，不断检查、维护设备，以确保顺利安全作业。

三、身体防护

在车身维修作业时，需加强对人体全身、呼吸系统、头部、手部、腿脚等位置的防护。

1. 身体的防护

在车身维修车间应穿着合格的连体工作服，不能穿宽松的衣服和没系袖口扣子的衬衫，且不能佩戴饰物。衣物应远离运动和运转的部件，宽松、下垂的衣物容易被绞入运动部件，造成人体伤害。工作服如图 3—1—6 所示。

2. 头部的防护

车身维修人员在作业过程中，要戴上安全帽（见图 3—1—7），在车厢内、车下作业或者进行拉伸校正操作时要戴硬质安全帽，以防头部损伤，或者因粉尘、油污等造成头发污染、不清洁。同时，头发不要过长，工作时要把头发放入安全帽中。

图 3—1—6 工作服

图 3—1—7 安全帽防护

3. 呼吸系统的防护

（1）供气式呼吸器

供气式呼吸器主要由一个透明的护目镜、外接气源软管、兜帽等组成，如图 3—1—8 所示。使用时，干净、可呼吸的空气通过软管从一个单独的气源泵送到面罩或头盔中，供人呼吸。在喷涂作业时，采用供气式呼吸器，防护效果好。

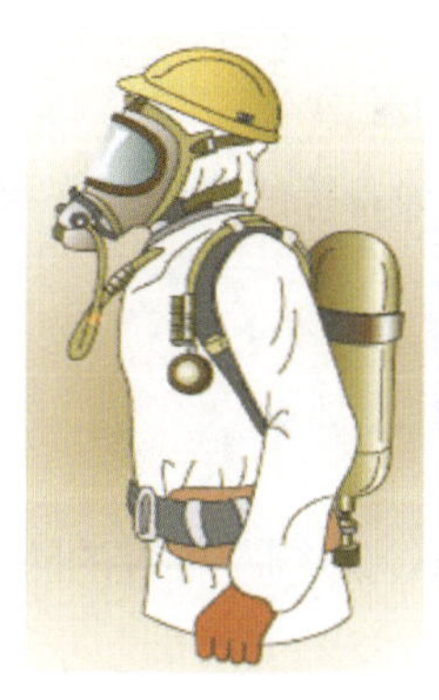

供气式呼吸器

滤筒式呼吸器

焊接用呼吸器

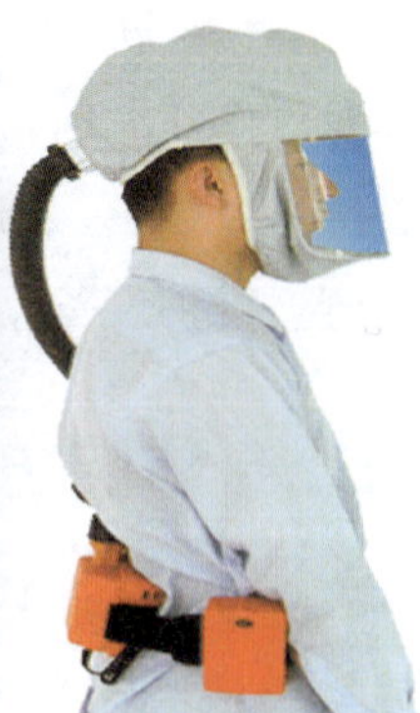

防尘呼吸器

图 3—1—8 各种呼吸器

（2）滤筒式呼吸器

滤筒式呼吸器由橡胶面罩、预滤器、滤筒、进气阀和出气阀等组成，如图 3—1—8 所示。橡胶面罩用来贴合脸部轮廓，保证气密性。可更换的预滤器和滤筒能够清除空气中飞散的溶剂和其他蒸气。进气阀、出气阀保证所有吸入的空气都通过过滤器。

（3）焊接用呼吸器

在进行镀锌钢材焊接时，产生的焊接烟尘和锌蒸气会对人体产生很大的伤害。焊接用呼吸器就是在呼吸器上设有一个特殊的滤筒，来吸收焊接产生的烟尘，如图 3—1—8 所示。

（4）防尘呼吸器

防尘呼吸器一般是多层滤纸制作的价格较低的纸质过滤器，作用是阻挡空气中的微尘、粉尘进入人的鼻腔、咽喉、呼吸道和肺部，如图 3—1—8 所示。在进行打磨、研磨或用吹风机吹净时会产生大量的粉尘等，应佩戴防尘呼吸器。

4. 眼睛、面部和耳部的防护

眼睛、面部和耳部的防护用品如图 3—1—9 所示。在进行保护焊、等离子切割或氧乙炔焊操作时应佩戴有深色镜片的头盔或护目镜，头盔能保护面部免受高温、紫外线或熔化金属的灼伤，深色镜片能保护眼睛免受电焊弧光的伤害。防护眼镜能在锤击、钻孔、磨削和切削等操作时，防止尘埃、飞屑、化学品飞溅及烟雾等损伤面部或眼睛。

防飞溅面罩　焊接面罩　焊接眼镜　普通护目镜　耳罩

图 3—1—9　眼睛、面部和耳部的防护用品

如果佩戴的防护呼吸器不带面罩，就应该在大多数维修操作时佩戴防护眼镜、面罩等装置，以保护眼睛和面部。

耳罩主要用于防止高分贝噪声对耳朵产生伤害。在车身维修作业过程中，经常使用气动錾、气动锯等切割工具，还经常对钣金件进行敲打、打磨等操作，这些都会产生高分贝的噪声，容易对耳朵产生伤害。因此进行上述工作时，要佩戴耳塞或耳罩以加强对耳朵的防护。

5. 手、腿、脚的防护

在焊接作业时，应戴上皮质的手套，防止焊接熔化的金属烫伤手臂。佩戴手套还可防止撞击、切割、擦伤，防止机油等化学品损伤手部，如图 3—1—10 所示。

在进行车身维修作业中，经常会跪在地上进行操作，因此最好佩戴护膝，以保护膝盖，防止膝盖损伤。

图 3—1—10　各类手套

在车身维修车间工作时要穿安全鞋，不能穿凉鞋和拖鞋。安全鞋鞋头有金属片，可以防止重物下落砸伤脚；安全鞋还有防滑和绝缘的功能，可以防止滑倒和触电事故的发生，如图 3—1—11 所示。

图 3—1—11　安全鞋

技能训练

训练 1：电气与消防安全防护（对相符的知识点进行连线）

	1. 电气安全防护 电气设备发生故障　　应悬挂标志 配电开关及导线等　　必须先切断电源 移动电气设备时　　应立即检修 打扫擦拭电气设备时　　必须保持完好 停电检修时　　严禁水洗或湿抹
	2. 消防安全防护 加强检查防护　　不可乘电梯，走疏散通道 如发生火灾　　先控制后消灭 进入安全通道逃生　　杜绝火灾发生 湿毛巾或手帕掩口　　低姿势爬行 浓烟中逃生　　沿墙面逃生

训练 2：车身维修身体防护（小组互相提问）

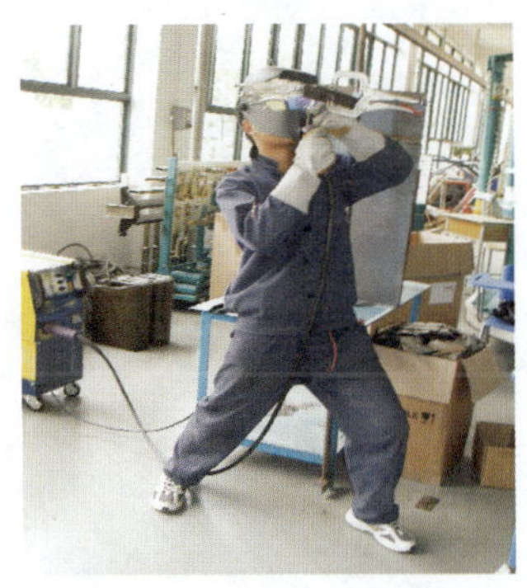

1. 焊接时的安全防护

应穿戴：

（1）焊接面罩
（2）呼吸器
（3）焊接服
（4）焊接手套
（5）焊接护膝
（6）绝缘鞋

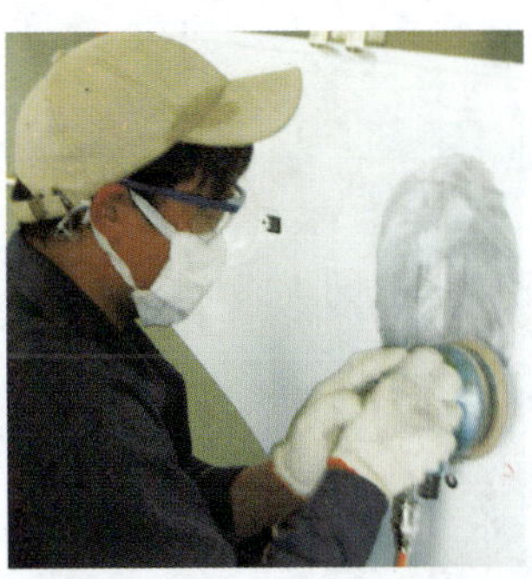

2. 打磨时的安全防护

应穿戴：

（1）安全帽
（2）防护眼镜
（3）呼吸器
（4）工作服
（5）打磨手套
（6）绝缘鞋

3. 车身局部修复时的安全防护

应穿戴：

（1）头盔或安全帽
（2）防护眼镜
（3）工作服
（4）手套
（5）绝缘鞋

4. 车身整体校正时的防护

应穿戴：

（1）头盔或安全帽
（2）防护眼镜
（3）工作服
（4）手套
（5）绝缘鞋

思考与练习

1. 简述水电气、消防安全注意事项。
2. 简述发生火灾事故时的处理方法。
3. 简述各类车维修作业防护用品的穿戴方法。

课题二　车身校正设备认知

学习目标

1. 了解各类车身校正设备的类型及应用场合。
2. 熟练掌握各类校正设备的使用和操作方法。
3. 熟练掌握常用动力工具的使用和操作方法。
4. 遵守操作规程和安全规范，保证质量。

知识准备

车身大梁校正设备均具有高强度的车身定位及固定装置，能进行多点、全方位的校正拉拔工作，能够进行精确的测量，配有较多形状及功能各异的维修拉具，能满足不同部位的修复需要。

一、车身校正设备分类

汽车由于受到碰撞、追尾、倾覆等，引起车身和车架变形，通过校正设备将其拉伸，使其恢复原始性能、形状和尺寸。用于车身校正的设备有固定钢架式、地八卦式、平台作业式和新型带定位夹具式等多种形式。

1. 固定钢架式校正设备

将车辆用链条或钢夹锁固在牢固的钢架上或柱子、大树等物体上，然后再用手工或液压千斤顶对需要校正的部位进行校正或拉伸，如图 3—2—1 所示。

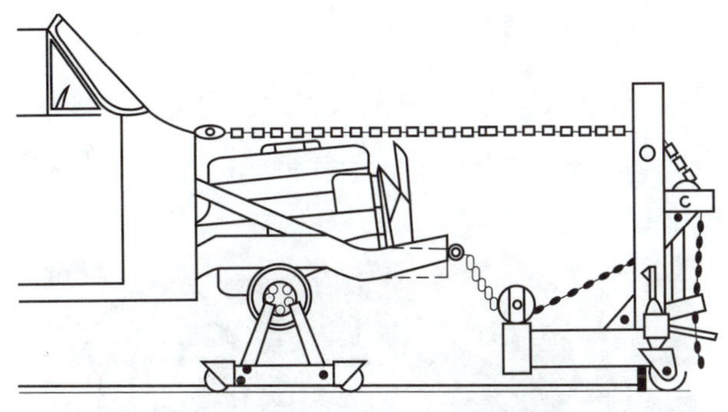

图 3—2—1 固定钢架式校正设备

2. 地八卦式校正设备

地八卦式校正设备适合维修损伤程度较小的事故车，是比较早出现的一种简易维修设备（见图 3—2—2），通过千斤顶将车辆顶起后安装固定夹具把车固定，然后使用拉塔或接杆千斤顶链条拉伸。主要缺点是车辆装卡固定困难、车辆固定不稳、拉塔移动或接杆千斤顶使用困难、地轨易损坏、拉伸角度有局限性。

图 3—2—2 地八卦式校正设备

3. 平台作业式校正设备

事故车辆移动到平台上，通过对车身进行拆检、测量、拉伸、修复等操作，恢复其尺寸、性能等要求。因操作便利、效率高，目前在 4S 店和修理厂应用极为广泛，如图 3—2—3 所示。

图 3—2—3 平台作业式校正设备

4. 新型带定位夹具式校正设备

带定位夹具的大梁校正仪是通过定位夹具来固定、定位、测量车身底盘部位重要的点，不仅可以将校正设备移动到待修理车身下方，将其举起，而且还可以直接进行测量、定位和拉伸，如图 3—2—4 所示。

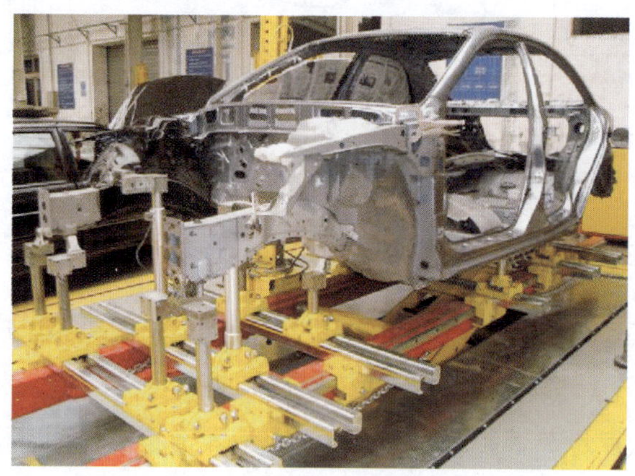

图 3—2—4 新型带定位夹具式校正设备

二、平台作业式校正设备

车身平台式校正仪主要由工作平台、升降支架、塔柱、塔柱连接机构、油泵和附件等组成。通常将事故车身移动到平台上，并进行有效的固定，采取一定的措施和合理的维修工艺对车架、纵梁、横梁、门柱及下边梁等骨架部位进行修复。

以 B3200 平台作业式校正仪（见图 3—2—5）为例，这种平台结构简单、维修快捷、耐用。事故汽车（车身）可方便地移动平台，且工作平台可以自由地下降和举起，塔柱可在工作台的外周边 360° 移动。

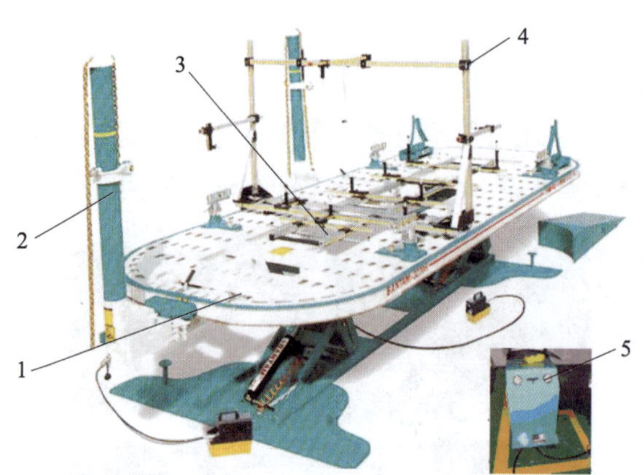

图 3—2—5 平台作业式校正仪

1—工作平台 2—塔柱 3—二次举升装置 4—测量组尺 5—油泵

根据事故车身的实际情况，有选择性地选择不同的夹具（见图 3—2—6），结合塔柱的方向，用链条对受损部位进行校正和修复，恢复其原始尺寸和形状。

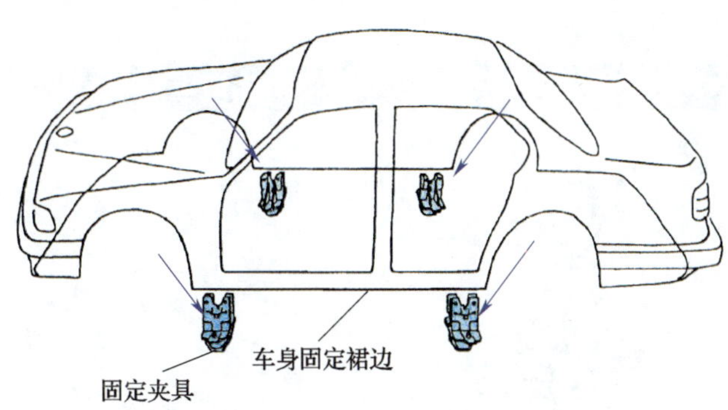

图 3—2—6　车用夹具的位置

维修前，需将车身固定在车身校正仪上，选择主夹具将车辆紧固，车辆、平台和主夹具成为一个刚性的整体，车辆在拉伸操作时不能移动。为满足不同车身下部固定位置的需要，主夹具结构有多种，双夹头夹具可以夹持比较宽的裙边部位，防止拉伸中损坏夹持部位；单夹头夹具的钳口开口很宽，能够夹持车架。车身校正仪的各类夹具如图 3—2—7 所示。

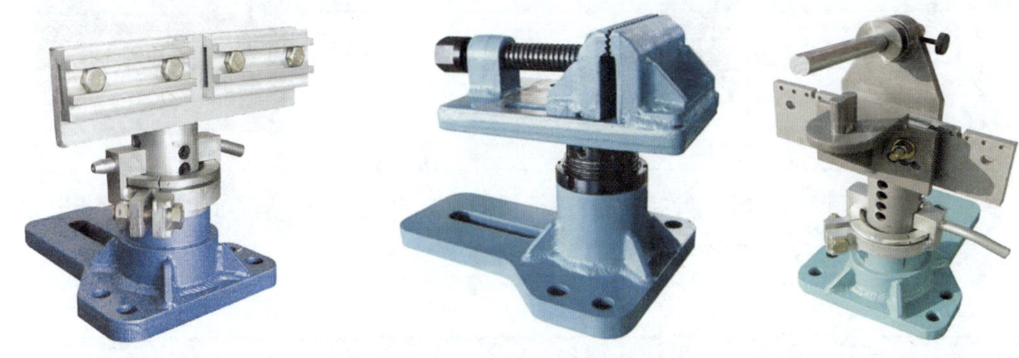

图 3—2—7　车身校正仪的各类夹具

在修理过程中，根据修复部位的位置、刚度、受力方向，选择车身校正仪附件里的夹紧夹具、拉伸夹具、拉钩、尼龙绳、链条等进行组合，如图 3—2—8 所示。

图 3—2—8　车身校正仪附件

在车身纵梁、横梁等部位进行拉伸时，需选择合适的夹具（见表 3—2—1），夹紧所拉伸部位，进行拉伸修复。

表 3—2—1 夹 具

附件名称	附件实物图	附件名称	附件实物图
C 型夹具		自紧夹具	
90° 拉伸工具	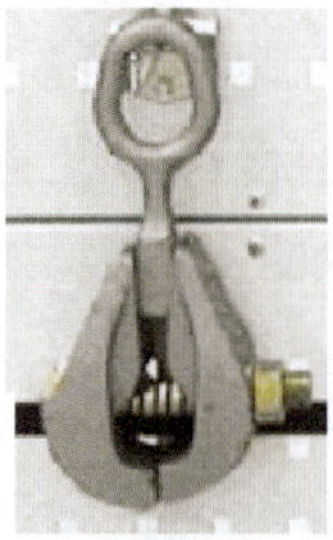	下拉式夹具	

在车身立柱、孔、行李箱等许多部位进行拉伸时，夹具无法夹紧，此时需选择合适的拉钩（见表 3—2—2），受力于损伤部位，进行拉伸修复。

表 3—2—2 拉 钩

附件名称	附件实物图	附件名称	附件实物图	附件名称	附件实物图
大型重力拉钩	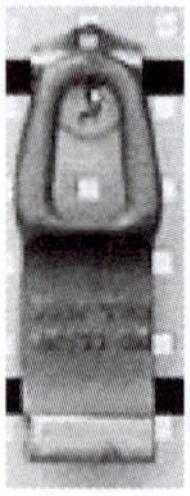	链条锁紧连接钩		小型挂钩	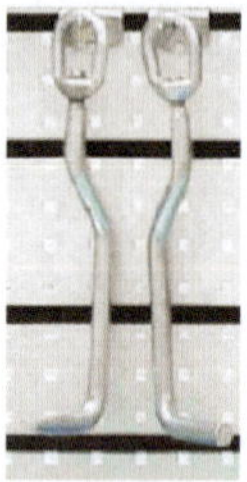
大型直角钩	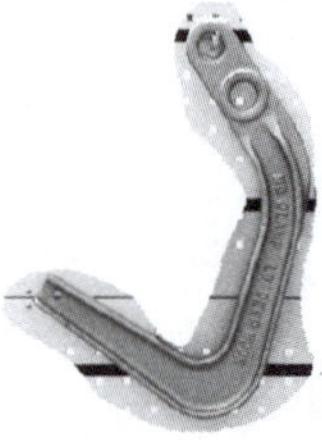	拉钩（带链条）		孔用拉钩（带链条）	

在车身修复过程中，遇到有些部位不能刚性受力、减振器受损伤或底盘受损伤时，还经常使用尼龙带、钢丝绳、链条、减振器拉伸座、导向轮等附件，安全、可靠地使车身恢复原始的尺寸和性能，如图 3—2—9 所示。

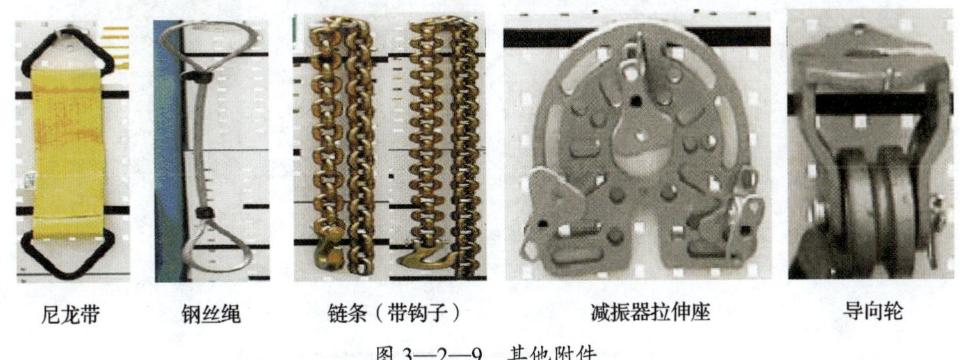

尼龙带　钢丝绳　链条（带钩子）　减振器拉伸座　导向轮

图 3—2—9　其他附件

三、带定位夹具式大梁校正仪

带定位夹具式大梁校正仪是通过定位夹具来固定、定位、测量车身底盘部位重要的点。在带定位夹具式大梁校正仪上，除了固定夹具固定车身外，还提供很多定位夹具固定、测量、定位需要校正的点，如前后桥的固定支撑点、发动机的装配点、水箱或保险杠固定点、底盘车身设计的工艺点。有了这些定位夹具，就不用担心在拉伸变形部位时会影响其他点而发生变形。

因为可以事先将没有变形的点都固定下来，这样再做其他变形点的拉伸时，这些点并不会跟随走位。而且，拉伸到位的点随即固定下来，进行其他点的校正时该点也不会再变形，这样修复底盘上点的工作就可以一次到位。

定位夹具又分为专用型和通用型两种形式，专用型定位夹具是指一套夹具只能维修一种车型，如需维修其他车型就需要再购买其他车型的定位夹具。针对现在汽车工业迅猛发展、新车型不断下线的情况，目前市场上现有的车型就有几千种，如果选择带专用型定位夹具的大梁校正仪，在购买夹具上将是一笔很大的费用，并且要随着新车型的不断下线而反复购买，增加费用。带通用型定位夹具的大梁校正仪除了提供一套车身固定夹具外，更提供了一套模块式的定位夹具系统，可以通过不同车型的三维数据图组合出世界上所有车型的底盘模型，并且设备制造商也会不断地补充新下线车型的三维数据图，因此它可以满足所有现有车型和以后新车型的定位修复需求，避免了反复投资购买定位夹具，为客户节省了费用。应用通用型定位夹具不仅可提高事故汽车维修精度和维修质量，还可大大提高事故汽车维修效率。

1. 结构

带定位夹具式大梁校正仪（见图 3—2—10）主要由移动式平台、测量组尺、支撑杆、塔柱、油泵及附件（见图 3—2—11）组成。

图 3—2—10 带定位夹具式大梁校正仪的组成

1—移动式平台 2—测量组尺 3—支撑杆 4—塔柱 5—油泵

图 3—2—11 带定位夹具式大梁校正仪的附件

2. 夹具选用

车辆移动到平台上后，首先是找好车身与测量系统的基准，然后就是在校正平台上定位。因为测量工作要贯穿整个车身的维修过程，特别是使用专用式测量系统时，车辆在固定前必须要找好测量的四个基准。车辆在拉伸的过程中是不能移动的，否则，测量基准一旦发生变化，只有在重新找到测量基准后才能进行测量。测量基准确定后，就可以对车辆进行固定，整体式车身在固定时至少需要四个以上的固定点。主夹具、车身固定好后，车身、主夹具和校正平台相互之间没有位移。在对车身紧固部件进行拉伸操作时，最好在拉伸方向的相反方向设置一个辅助牵拉装置，以抵消拉伸的力量，防止夹持部位的部件损坏，如图 3—2—12 所示。

四、千斤顶作业设备

移动式校正设备通常又称机动设备，优点是可随时随工作要求而移动。而固定式设备则需要将车辆开到设备上，比较麻烦。使用移动式设备进行校正工作时，将设备推入撞损车辆的侧方，而车辆的车架或底盘上的车梁、门框等部位作为拉出或推出作业时施力的支点。

图 3—2—12　夹具的安装

千斤顶有卧式千斤顶和分离式千斤顶两种（见图 3—2—13），根据原理不同，还可以分为机械式和液压式两种。千斤顶是一种最常用、最简单的起重作业工具，目前在汽车维修行业中广泛使用的是分离式液压千斤顶。

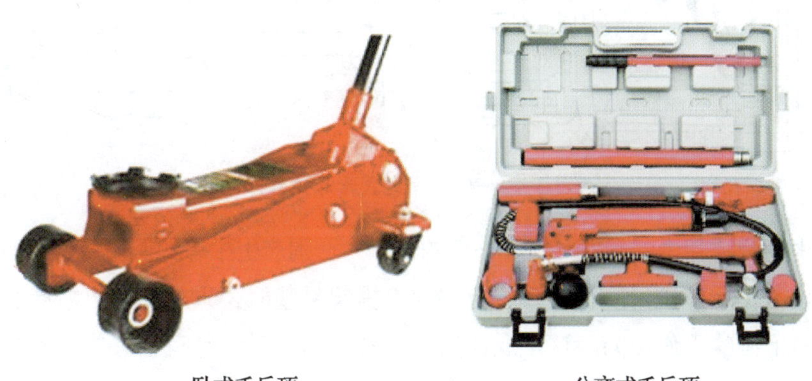

卧式千斤顶　　分离式千斤顶

图 3—2—13　千斤顶

1. 压出作业

车身分离式千斤顶使用在将弯曲的金属拉伸校直的修复作业上（见图 3—2—14），是一种能够以一定压力做推或拉动作的修正工具。如果使用铁锤用力敲打凹陷处，经常会使钢板变成折皱不平的样子。若先使用液压千斤顶将凹陷顶出，则可得到和原来形状差不多的结果。通常，将扭曲的覆轮盖顶出恢复到某一程度的原状是非常简单的一种作业。但是，如果千斤顶出力太大，要再用千斤顶做最后的修平工作是不可能的。

2. 推广作业

分离式千斤顶在车身上推广作业，以杠杆作用向着凹陷部分充分作用为则。例如校正铁棒的弯曲，将前端的弯曲相反处 *A* 点施予弯曲的两倍力量即可校正，但是若由距离前端较远的某处 *B* 点加力的时候，校正时就必须施予较大的拉力，如图 3—2—15 所示。

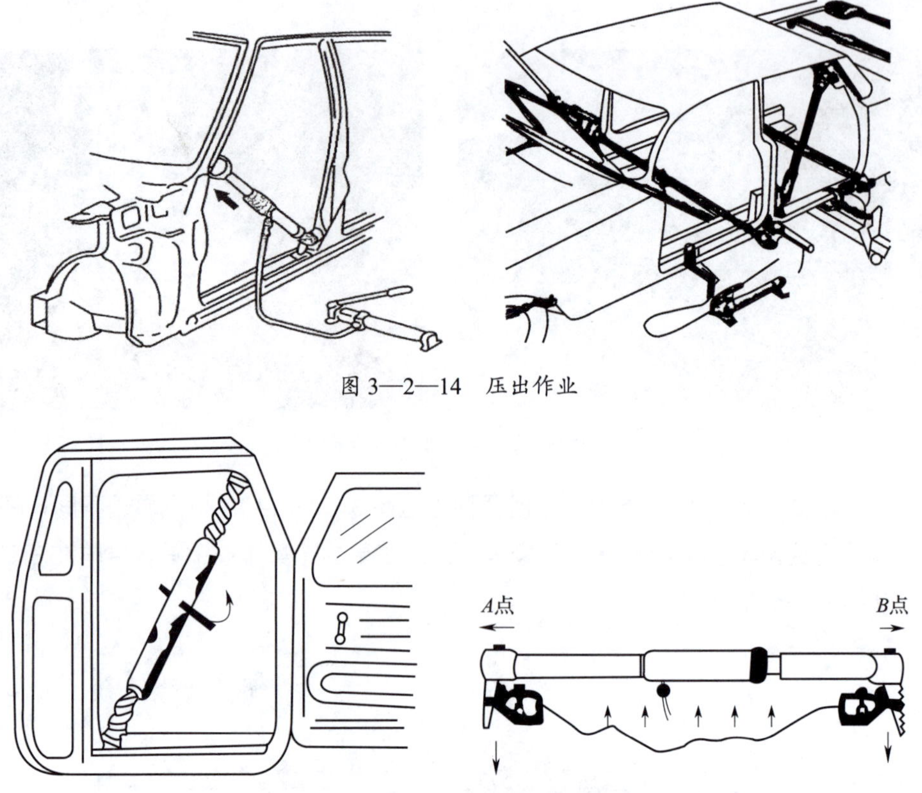

图 3—2—14　压出作业

图 3—2—15　分离式千斤顶作业

同时，也有反作用力的问题。对于一切的作用力，则产生相等的反作用力。如图 3—2—16 所示，车身液压千斤顶作用后，将凹陷拉伸向上提起平整时，千斤顶的出力产生了在拉伸力的作用点处向下压的反作用力。这个反作用力在拉平凹陷时，也有相等的力量向着反方向作用。所以使用千斤顶的拉伸力做整形时，为了有效地利用千斤顶，必须准确判断何处为可以充分经受反作用力的支持点。

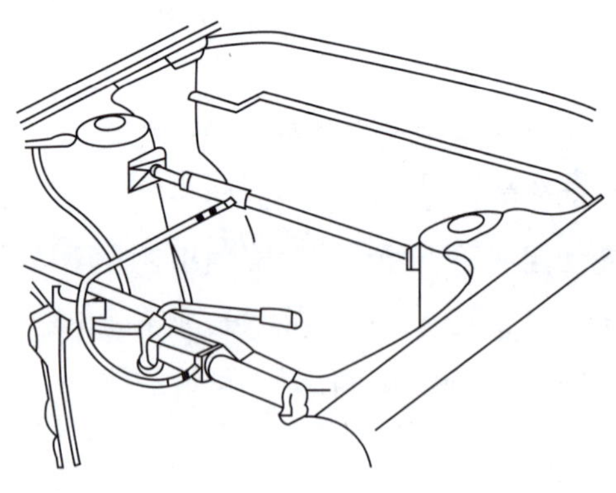

图 3—2—16　推广作业

五、常用动力工具设备

常用动力工具主要有电动工具和气动工具，在汽车车身钣金维修中非常重要，大大提高了修理效率和质量。

1. 电动工具

电动工具在汽车车身维修中，应用方便、便捷，使用效率较高。

（1）台钻

台钻是一种用钻头在工件上加工孔的小型机床设备，可钻通孔、盲孔，更换特殊刀具可扩孔、锪孔、铰孔、攻螺纹等，如图 3—2—17 所示。

图 3—2—17　常用的台钻

台钻以主轴的旋转为主运动，钻头轴向移动为进给运动。台钻结构简单，加工精度相对较低。

（2）手电钻

手电钻是以交流电源或直流电源为动力的钻孔工具，如图 3—2—18 所示。

如图 3—2—19 所示，在使用过程中，钻头要夹持牢固，保持锋利；电源接触良好，有可靠的接地；必须佩戴绝缘手套、防护眼镜等劳保用品；钻孔时要保持稳定不要乱晃，防止折断钻头，最好保持钻头与工件垂直。快钻透时不要用力过大，留一些力，防止钻头卡住时将人带倒，尤其是使用较大的钻头时；钻较硬的金属如不锈钢或高碳钢时，应加冷却液防止钻头烧蚀。

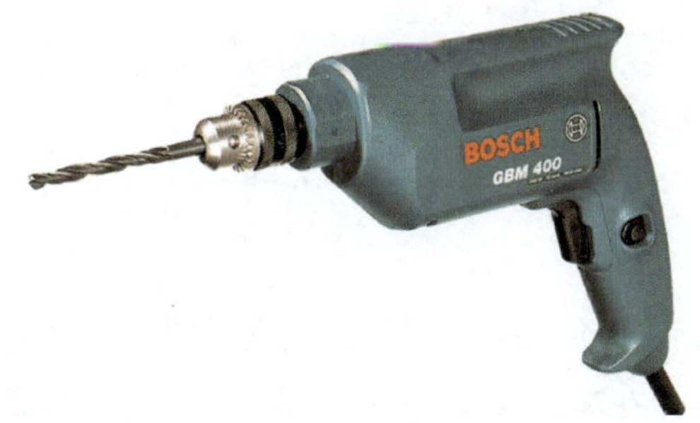

图 3—2—18　手电钻

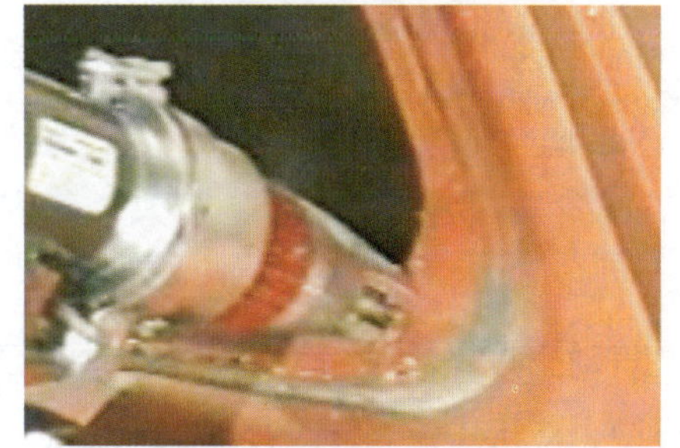

图 3—2—19　手电钻操作

（3）打磨机

打磨机主要用于将车身表面不光滑与不平整处打磨光滑或者平整，又称“抛光机”，主要用于车身表面金属打磨、腻子层打磨等，如图 3—2—20 所示。

图 3—2—20　打磨机

启动开关后，在金属表面开始打磨，研磨小的凹坑处或带孔部位时，可使砂轮片沿八角形轨迹运动。打磨机打磨操作如图 3—2—21 所示。

图 3—2—21　打磨机打磨操作

使用注意事项：

1. 使用手提电动砂轮机前，首先应检查砂轮片有无裂纹和破碎，护罩是否完好。

2. 右手抬住砂轮机的前部，左手抓住后部手柄。

3. 磨削薄板制件时，砂轮应轻轻接触工件，不能用力过猛，并密切注意磨削部位，以防磨穿。

4. 操作结束后及时切断电源，轻拿轻放，妥善放置，清理现场。

2. 气动工具

气动工具是用压缩气体作为动力的工具，又称风动工具。气动工具在现代汽车车身维修过程中，应用广泛，涉及所有维修工艺，主要应用在车身拆装、切割、锯、磨、钻、焊点去除等场合。常用气动工具有气动扳手、气动螺丝刀、气动钻、气动锯、气动剪、气动打孔机等，如图 3—2—22 示。

气动工具的气源是空气压缩机（见图 3—2—23），空气压缩机是将原动机（通常是电动机）的机械能转换成气体压力能的装置，是压缩空气的气压发生装置。空气压缩装置由空气压缩机、电动机控制机构、过滤器、干燥装置、储气罐等部分组成。

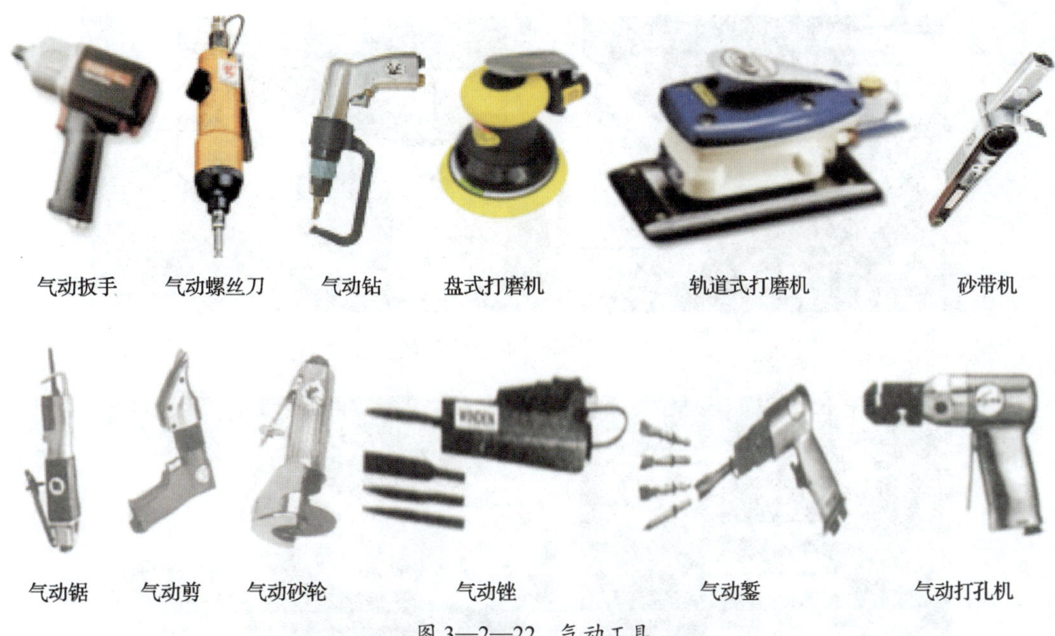

图 3—2—22 气动工具

图 3—2—23 常用的空气压缩机

空气压缩机的种类很多，按工作原理可分为容积式压缩机、往复式压缩机和离心式压缩机。现在常用的空气压缩机有活塞式空气压缩机、螺杆式空气压缩机、离心式压缩机和涡流式空气压缩机等。

技能训练

训练 1：平台式大梁校正仪的使用

1. 首先确定修复方案，进行车身拆检。如图 3—2—24 所示为损坏的车身。

2. 上举升平台，顶起事故车辆，如图 3—2—25 所示。

将事故车辆开上举升平台，如车辆不可开，则要先进行拆检，装置移动车轮，拖动到平台上，并结合吊车共同作业，直至放置于合理的修理位置。

3. 用夹具固定车身，如图 3—2—26 所示。

4. 拆除妨碍车身维修的相关附件，如图 3—2—27 所示。

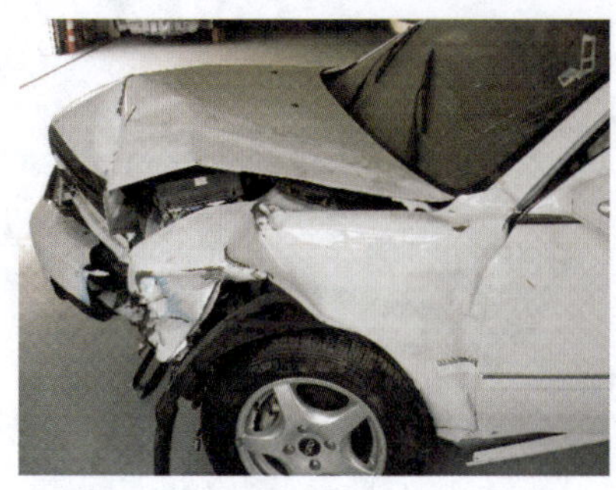
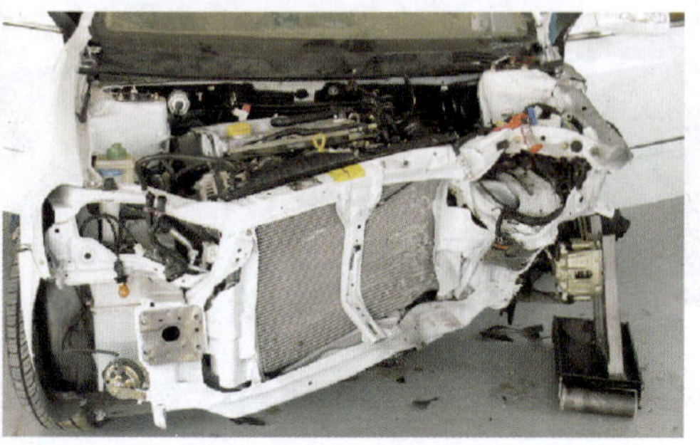

图 3—2—24　损坏的车身

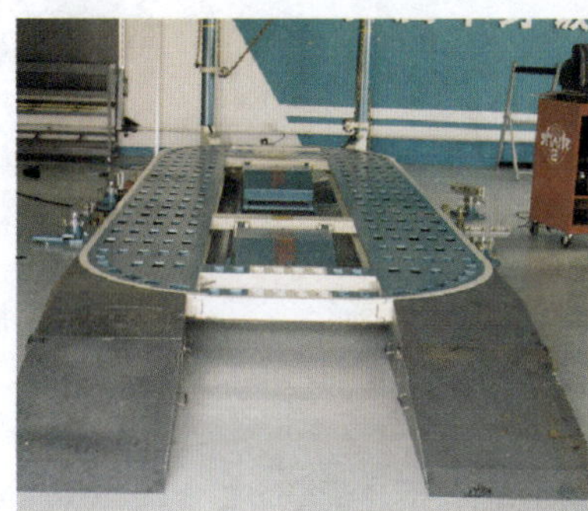

图 3—2—25　顶起事故车辆

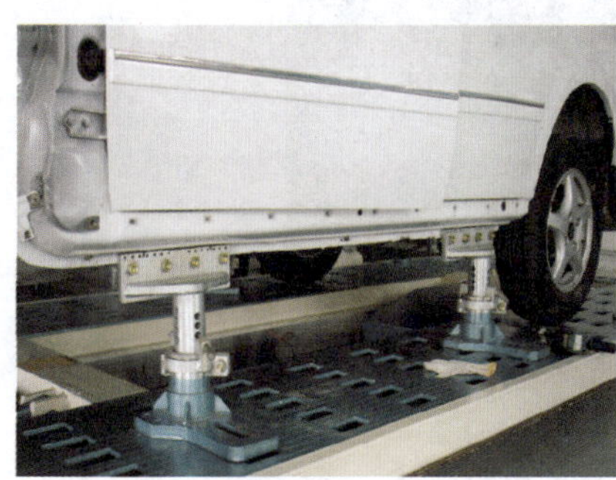

图 3—2—26　固定车身

图 3—2—27　拆除附件

5. 根据事故车辆损坏情况，确定受力大小、方向、损伤面积。

6. 编制维修方案，根据附件（见图 3—2—8），选用夹具（见表 3—2—1），装复夹具，移动塔柱，打开开关对损伤部位进行修复，如图 3—2—28 所示。

图 3—2—28　车身修复

7. 再次进行检查、测量，如图 3—2—29 所示。

图 3—2—29　检查与测量

车身校正仪使用操作注意事项：

1. 进入工作区要穿戴好工作服、手套，不准穿拖鞋、高跟鞋进入。

2. 设备操作前应清理场地，平台及周边不能堆放杂物，整理油、气管路，防止操作时挤压管路。

3. 检查油、气管路各接头是否连接好，管路是否有破损，如有破损要及时更换，严禁再用。

4. 检查塔柱滚动滑轮固定螺栓是否松动，若有松动，必须及时拧紧，以免塔柱滑落造成人员及物品损伤。

5. 平台升降时设备附近严禁站人，车辆上下时必须有人在旁边指导，车辆应停靠在平台指定位置。

6. 平台升降时应操作平稳，平台轮腿油缸无节流阀时，严禁全开油泵泄压阀。

7. 起降平台时，塔柱固定在平台另一端，防止滑动；二次举升装置放置在靠近活动腿一侧。

8. 车辆在平台上要拉紧驻车制动，轮胎前后用三角木或挡板垫好。

9. 平台活动支腿锁止销在平台升起后必须锁死，夹具夹紧前检查钳口，应无油污、杂物。

10. 检查夹具各部位是否有变形、裂纹，如有必须更换，防止受力后断裂飞出伤人。

11. 主夹具固定螺栓、钳口紧固螺栓要完全拧紧。

12. 拉伸操作前，检查链条、钣金工具、拉环是否完整，有无破损、裂口、大划伤。

13. 拉伸时塔柱紧固螺栓要拧紧，导向环高度不能超过警戒红线。

14. 检查链条、锁紧机构，链条不能扭曲，所有链节在一条直线上；导向环手轮拧开。

15. 拉伸时注意拉伸力不要超过工具额定载荷，拉伸时不要敲击钣金工具及链条，相关人员不要与链条受力方向在同一条直线上。

16. 设备使用完毕后，清理场地，钣金工具、量具、夹具等物品，要擦拭干净后整齐有序地放在工具车上。

训练 2：带定位夹具式大梁校正仪的使用

1. 用支撑杆支起事故车身，将其车身推到平台上，如图 3—2—30 所示。

图 3—2—30 支起事故车身

2. 顶起车身，安装前后基准点夹具，如图 3—2—31 所示。

图 3—2—31 顶起车身

3. 安装组尺，测量相关事故点，如图 3—2—32 所示。

图 3—2—32 安装组尺

4. 读事故车的长度、宽度和高度尺寸，与标准数据比较，如图 3—2—33 所示。

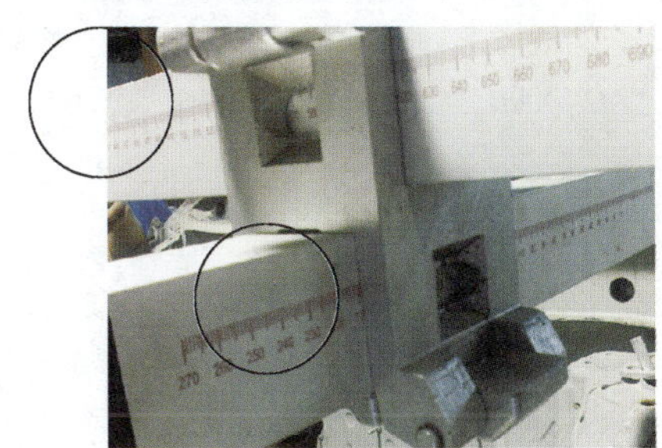
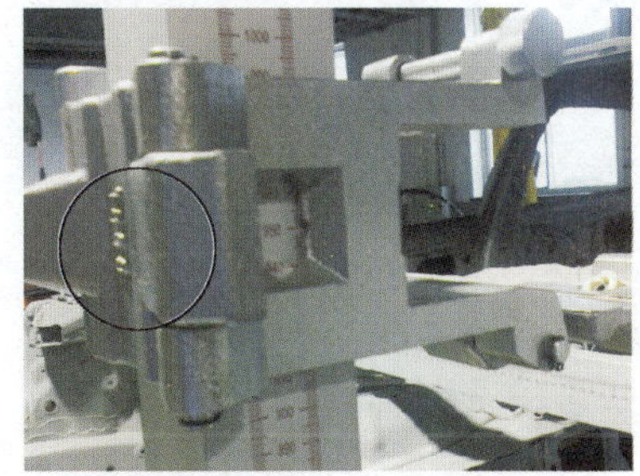

图 3—2—33 读事故车相关尺寸

5. 查看事故车的图样，选择需修复事故点的模块夹具，如图 3—2—34 所示。

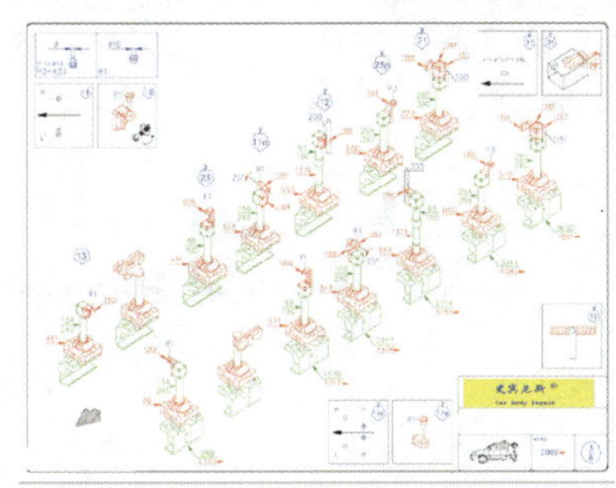

图 3—2—34 查看事故车的图样

6. 进行定位、拉伸、测量，如图 3—2—35 所示。

图 3—2—35 进行定位、拉伸、测量

7. 对特殊事故点，采用塔柱进行拉伸修复，如图 3—2—36 所示。

图 3—2—36 拉伸修复

车身损坏修复要点：

1. 车架式车身上各类损伤发生的次序为：左右弯曲、上下弯曲、断裂变形、菱形变形和扭转变形。

2. 必须进行三维测量。

3. 整个拉伸程序应该做到：

（1）先重后轻，先强后弱。

（2）先中间后两边，先长度后侧向，先低后高。

4. 第一次牵拉应是多点牵拉，牵拉方向要与撞击方向相反。

5. 对于直接撞击部位的牵拉，牵拉次数在实际可行的情况下应尽量多。

6. 每次牵拉修复的损伤部位要尽可能多。

7. 注意查找有无二次损伤。

8. 碰撞时最后发生的损伤应最先修复。

思考与练习

1. 怎样利用定位夹具进行自身修复?
2. 简述平台式校正设备的优势、操作技巧。

课题三　车门门板的修复

学习目标

1. 了解各类车门门板修复的方法、类型。
2. 熟练掌握敲平法和整形机法的操作方法。
3. 强调遵守操作规程和安全规范，保证质量。

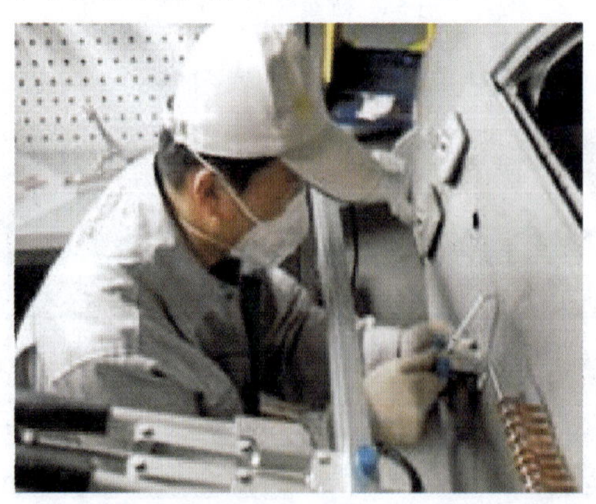

知识准备

车门门板的损伤形式主要是碰撞变形、撕裂、锈蚀、凹瘪等，修复的基本工艺就是通过手工或整形机修复来恢复板件表面的形状和性能。在进行板件的整形操作时要熟悉板件的材料和性能，选用合理的修复工艺。

车门大都是用薄钢板预制的覆盖件包裹起来的，当车门受到碰撞或挤压，将会造成永久性的凹陷变形。对于门板修复，多采用展开皱褶、释放隆起处的加工硬化应力、收缩被延伸的金属以及对收缩区进行拉伸的方法，使凹陷的金属恢复原来的形状，即损坏部位经过敲击、拉拔等恢复其性能要求。

一、敲平法修复

敲平法修复主要依托垫铁和钣金锤的配合，使门板表面的形状恢复。敲平法可分为正托法和偏托法，如图 3—3—1 所示。

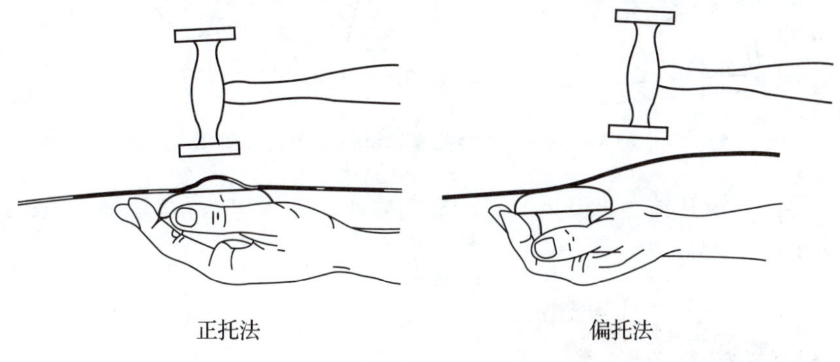

图 3—3—1　敲平法

根据变形范围的大小，维修人员需作出准确的判断，确定维修方案，可采取正托法和偏托法两种方法完成。

当局部凹陷变形时，需锤子与垫铁配合使用，垫低打高，完成车身表面的局部凹陷变形修复，如图 3—3—2 所示。

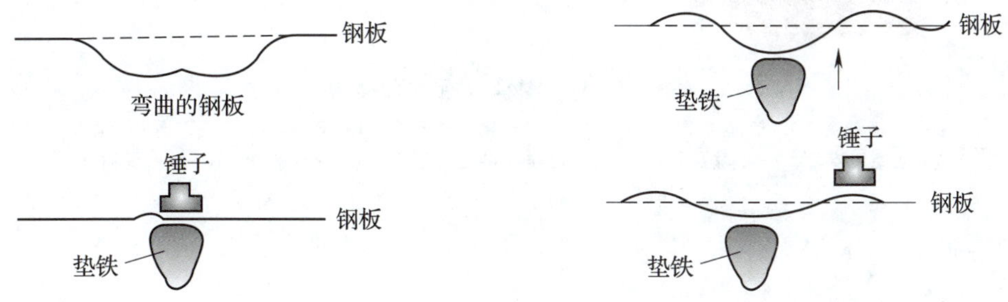

图 3—3—2　局部凹陷的整形

当金属表面出现大曲率变形时，需判断曲率变形方向，通过锤子与垫铁的配合逐步恢复整体形状，完成车门表面变形的修复，如图 3—3—3 所示。

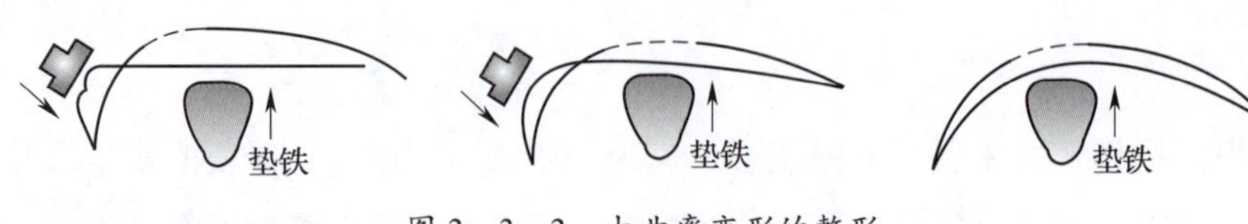

图 3—3—3 大曲率变形的整形

二、整形机修复

整形机修复主要依托整形机和导向锤的配合，通过拉陷修复、焊接、收火，使门板表面的形状和性能恢复，如图 3—3—4 所示。

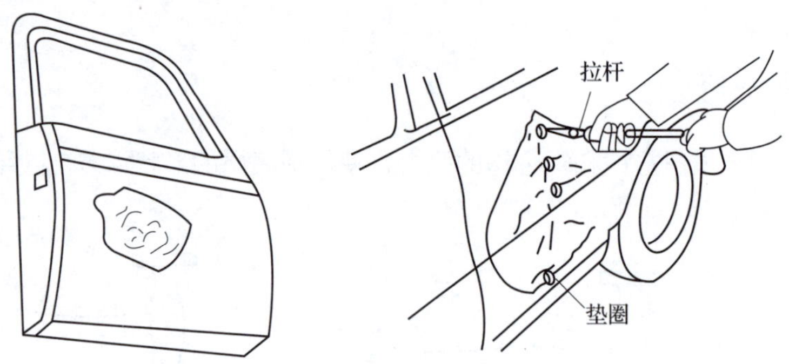

图 3—3—4 多功能整形机修复损伤表面

整形机主要由电源开关、电流调节器、控制插座、碳棒焊 / 点焊选择开关、工作指示灯等组成，如图 3—3—5 所示。

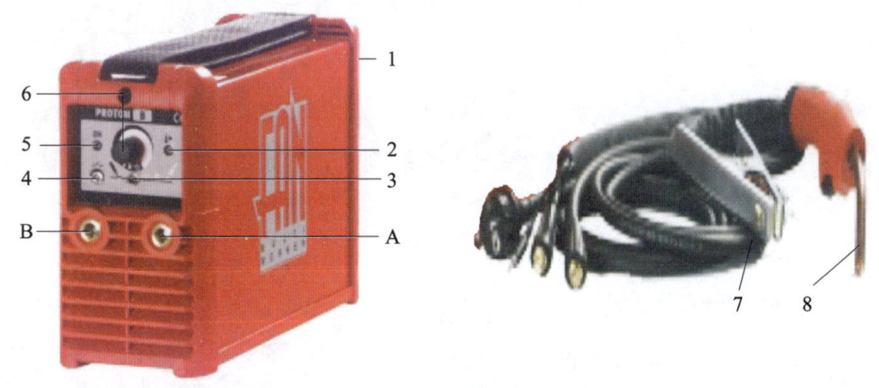

图 3—3—5 多功能整形机的结构

1—电源开关 2—故障指示灯 3—碳棒焊 / 点焊选择开关 4—控制插座 5—工作指示灯 6—电流调节器 7—连接焊枪线缆 8—连接焊接地线电缆 A—焊枪插座 B—接地线插座

技能训练

训练：车门门板的修复

车门门板整形需根据门板表面的损伤程度来确定维修方案，如果损伤较大，则需将其车门内饰板进行拆卸修复；如果损伤较小，则采用外形修复机（整形机）进行修复。外形修复机主要应用于不便敲击的特殊部位、有几层板料以及空间较小的部位。

1. 准备工作

需准备外形修复机、打磨机、气枪、钢直尺、画笔、抹布及防护用品等，如图 3—3—6 所示。

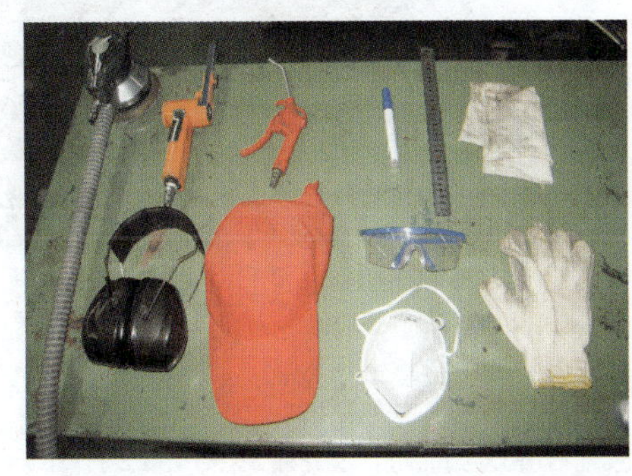
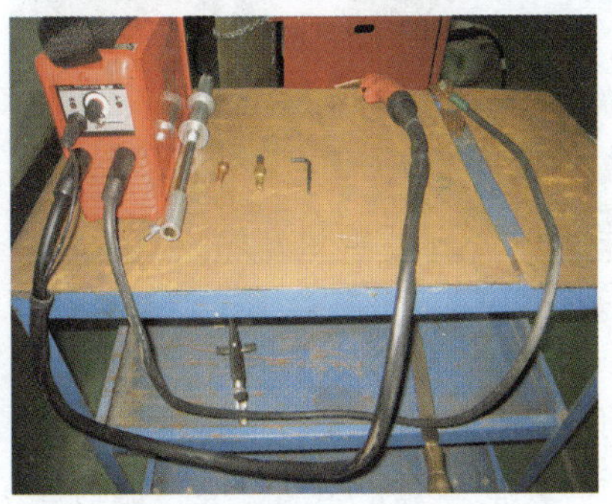

图 3—3—6　相关设备、工具及劳保用品准备

2. 穿戴防护用品

穿戴工作帽、护目镜、护耳器、防尘口罩、棉手套、工作服、绝缘鞋等，如图 3—3—7 所示。

3. 在门板上进行划线

首先确定损伤位置和区域，在直接损伤凹陷区域以外 80 mm 进行划线，然后将划线区域打磨成裸金属，如图 3—3—8 所示。

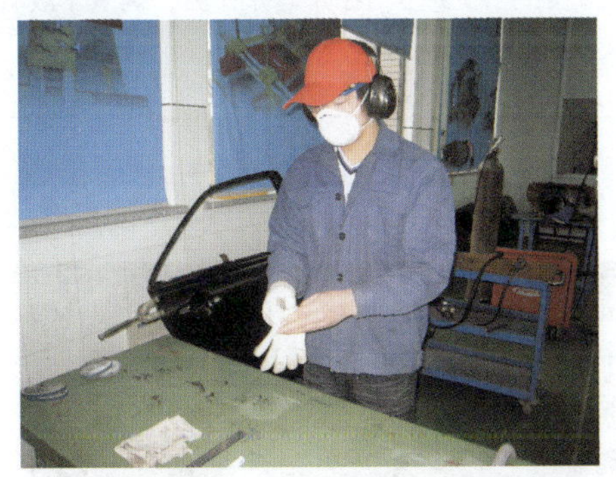

图 3—3—7　穿戴防护用品

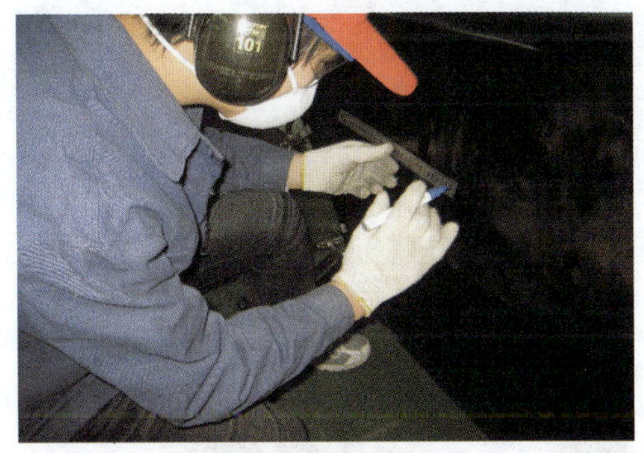

图 3—3—8　划线

4. 打磨漆层

因漆层的打磨质量关系到后续工序（如垫圈融植、收火）的质量，用砂轮打磨时务必将车门门板凹陷部位的漆层彻底打磨干净，如图 3—3—9 所示。

5. 搭上搭铁线

在门板边缘选取一个适合搭铁的部位，用砂轮将此部位的漆层彻底打磨干净，然后用大力钳将搭铁线夹紧，如图 3—3—10 所示。

6. 对打磨后的门板进行清洁

用气枪对着门板成 45° 斜角进行清洁，边清洁边用抹布进行擦拭，如图 3—3—11 所示。

图 3—3—9 打磨漆层

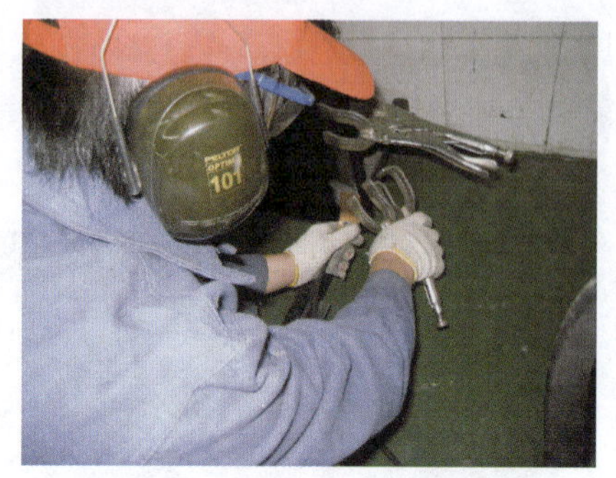

图 3—3—10 搭铁

7. 将焊枪垫圈安装到拉伸锤上，再将拉伸锤装在焊枪上，将螺栓旋紧固定。

8. 打开外形修复机电源开关，调节焊接电流和通电时间，如图 3—3—12 所示。

图 3—3—11 清洁

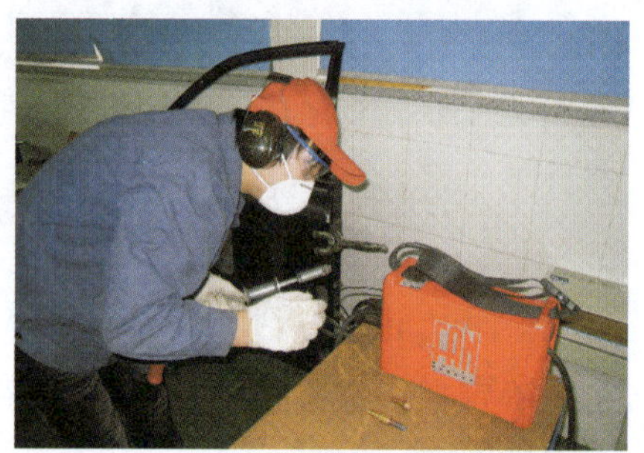

图 3—3—12 打开电源开关、调节参数

一手握住焊枪、一手握住导向锤，顺导向锤轴向向车体外撞击，先从金属凹陷处的边缘处开始拉拔，直至中心（直接损坏区），如图 3—3—13 所示。

9. 利用垫铁和钣金锤，采取敲平法修整门板表面，如图 3—3—14 所示。

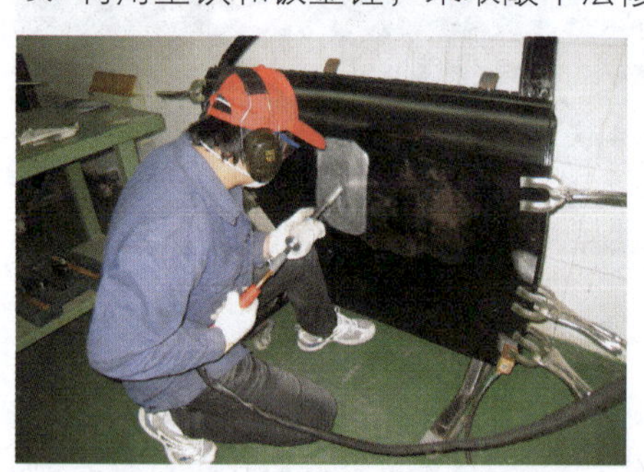

图 3—3—13 进行修复

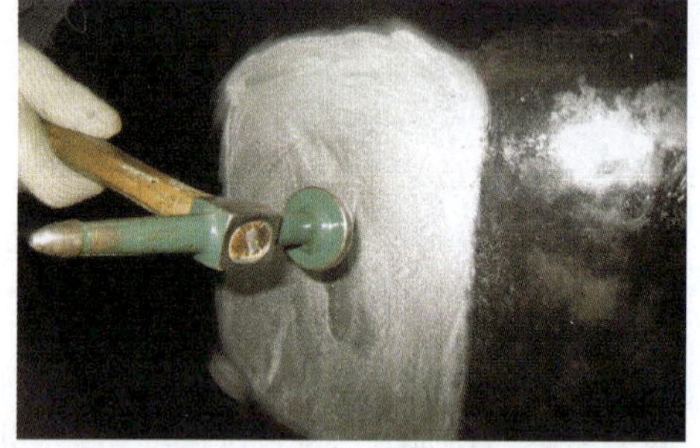

图 3—3—14 利用敲平法修整表面

10. 消除应力

在用导向锤拉拔凹陷的边缘处时，要使用鹤嘴锤敲击边缘处的加工硬化区，使金属内部产生的应力消除，直到隆起处向下修平、凹陷处向上修平，如图 3—3—15 所示。

11. 继续使用垫铁和钣金锤，采取敲平法修整门板表面，如图 3—3—16 所示。

12. 用条式打磨机进行打磨，用气枪对着门板成 45° 斜角进行清洁，边清洁边用抹布擦拭，如图 3—3—17 所示。

图 3—3—15　消除应力

图 3—3—16　继续修整门板表面

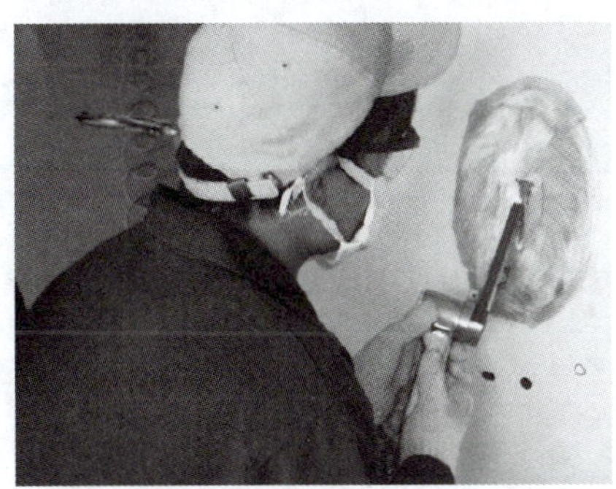

图 3—3—17　继续修整并清洁门板表面

13. 收火

对于门板留有的隆起处进行收火，调节收火参数，尽量用小电流、短时间收火，才不至于在收火处产生大的碳伤（表面黑痕）或烧穿板材，在每一个收火点使用压缩空气进行快速冷却，用钢直尺实时测量收火处，直到高点处被修平，如图 3—3—18 所示。

14. 对未修平的凹陷处再次拉拔，切记要遵循轻拉多拉、先轻后重的原则，如图 3—3—19 所示。

图 3—3—18　收火

图 3—3—19　再次拉拔

15. 再次用气动磨盘进行门板表面清洁，使用抹布再次清洁，反复测量维修表面，直到达到要求，如图 3—3—20 所示。

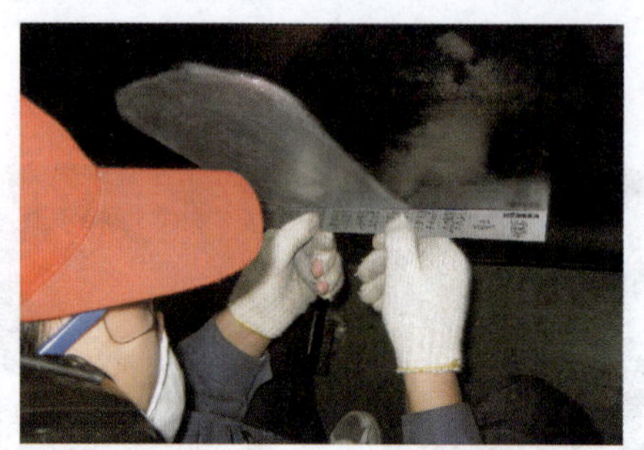

图 3—3—20 测量维修表面

思考与练习

1. 简述“正托法”与“偏托法”的区别。
2. 怎样利用敲平法修复车门门板?
3. 简述整形机法修复门板的操作步骤。

课题四 车身后翼子板的切割与焊修

学习目标

1. 了解车身后翼子板切割方法。
2. 掌握车身后翼子板的焊接操作方法。
3. 强调遵守操作规程和安全规范，保证质量。

知识准备

随着交通事故的增加，需切割与焊修车身后翼子板的事故车辆越来越多，通过切割与焊修操作，再进行整平修复，最后完成事故车辆的修理，恢复其相关性能要求。

一、车身后翼子板切割方法

在钣金维修中，通常采用氧乙炔切割、等离子切割、气动切割锯切割等方法，但现代汽车大量应用了高强度和超高强度钢，这类钢材的硬度、强度非常大，用切割锯的切割效率不高；如使用氧乙炔切割会产生大量的热从而破坏金属内部的结构，故在现代汽车中不能对汽车车身进行氧乙炔切割。等离子切割可以满足现代汽车中高强度和超高强度钢的切割要求，因而得到了广泛应用。

1. 等离子切割的原理

等离子切割是物理切割的过程，利用等离子弧的高温将割缝处金属熔化，并用高速焰流将其吹走，随着割嘴的移动从而形成狭窄缝隙把材料分开，如图 3—4—1 所示。等离子弧是一种压缩电弧，由于弧柱断面被压缩得很小，因而能量集中、温度高、焰流速度快。

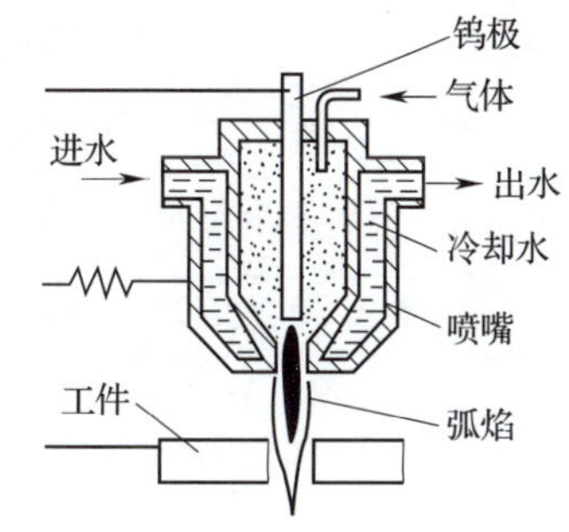

图 3—4—1 等离子切割的原理

等离子弧柱的温度高，远远超过所有金属和非金属的熔点。因此等离子弧切割过程不是依靠氧化反应，而是靠熔化来切割材料，因而比氧切割方法使用范围广，能够切割绝大部分金属和非金属材料。

2. 等离子切割的设备

等离子切割设备主要由切割电源、控制系统、割炬（切割枪）等组成。用于切割汽车车身零部件的割炬是小型的、便于操作的（见图 3—4—2），以便在零部件比较密集的部位工作。割炬上的两个关键部分分别是喷嘴和电极。

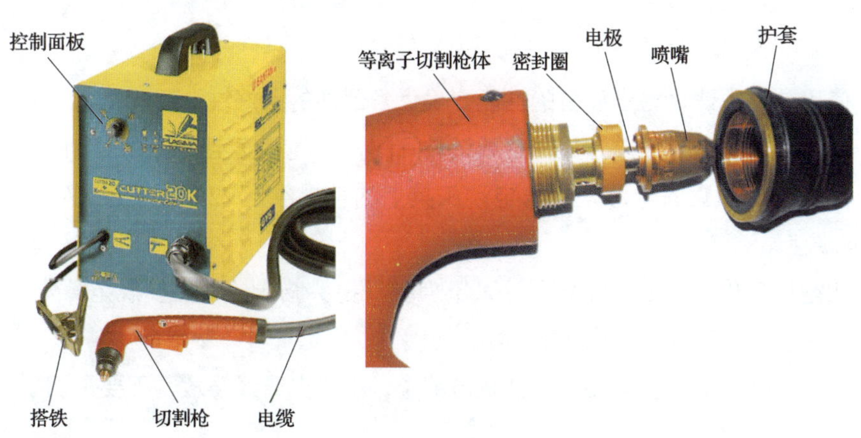

图 3—4—2 等离子切割设备的组成

3. 等离子切割的工艺

（1）操作前要穿防护服，佩戴好防护面罩（护目镜）、手套、安全鞋。

（2）按要求在需要切割的板件上划线，准确地把切割线清晰地标出。

（3）确认气源压力，调整气源压力在 0.3 ～ 0.5 MPa 之间。

（4）拧开等离子切割枪的护套，检查等离子切割枪的电极和喷嘴的磨损程度，磨损过大需更换。检查后重新安装好。

（5）打开电源开关，根据板厚选择切割参数（见表 3—4—1）。

表 3—4—1　切割参数

材料	厚度（mm）	电流（A）	速度（m/min）
铁	0.6	5	4.1
	1	12	2.5
	1.5	15	1.2
	2.5	18	0.65
	3	20	0.35
	6	20	0.15
铝	0.6	8	2.5
	1	12	1.2
	1.6	15	0.65
	2.5	20	0.25
	4	20	0.15

（6）握紧等离子切割枪，让喷嘴与板件轻轻接触，喷嘴与板件成 90°（对于厚度 ≥ 3 mm 的板件，喷嘴与板件成 45°）。

（7）按下等离子切割枪上的开关，起弧后按照切割线匀速移动。

（8）切割完毕后，不要马上关闭设备，待等离子切割枪冷却后再关闭。

4. 等离子切割操作规程

（1）使用前必须认真检查设备的性能，确保各部件的完好性。

（2）使用之前，先打开总开关，空载试转几圈，待确认安全无误后才允许启动。

（3）操作前必须查看电源是否与电动工具上的常规额定 220 V 电压相符，以免错接到 380 V 的电源上。

（4）切割机工作时务必要全神贯注，不但要保持头脑清醒，更要规范操作。严禁疲惫、酒后或服用兴奋剂、药物之后操作切割机。

（5）电源线路必须安全可靠，严禁私自乱拉，小心电源线摆放，不要被切断。

二、后翼子板的焊接

车身维修中通常采用气体保护焊、氧乙炔焊和电阻点焊进行焊接。但受维修部件形状、位置复杂等因素影响，气体保护焊和氧乙炔焊不适合后翼子板焊修。电阻点焊（俗称点焊）因具有焊接时间短、变形小等许多优点，所以得到广泛应用。

1. 电阻点焊的特点

（1）焊接成本比气体保护焊等其他焊接方法低，没有焊丝、焊条或气体等的消耗。

（2）焊接过程中不会产生烟或蒸气，焊接时不需要除去板件上的镀锌层。

（3）不需要对焊缝进行研磨。

（4）操作快、焊接强度高、受热范围小、金属不易发生变形。

2. 电阻点焊的焊接原理

电阻点焊是通过低电压、高强度的电流流过夹紧在一起的两块金属板时产生的大量电阻热，用焊枪（焊炬）电极的挤压力把它们熔合在一起的。电阻点焊原理如图 3—4—3 所示。

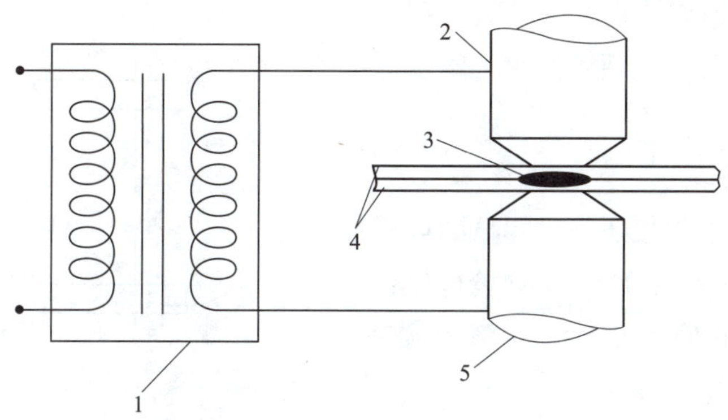

图 3—4—3　电阻点焊原理

1—变压器　2、5—电极　3—熔核　4—焊接钢板

3. 电阻点焊的设备

电阻点焊设备如图 3—4—4 所示，由变压器、控制器和带有可更换电极臂的焊枪（焊炬）组成。

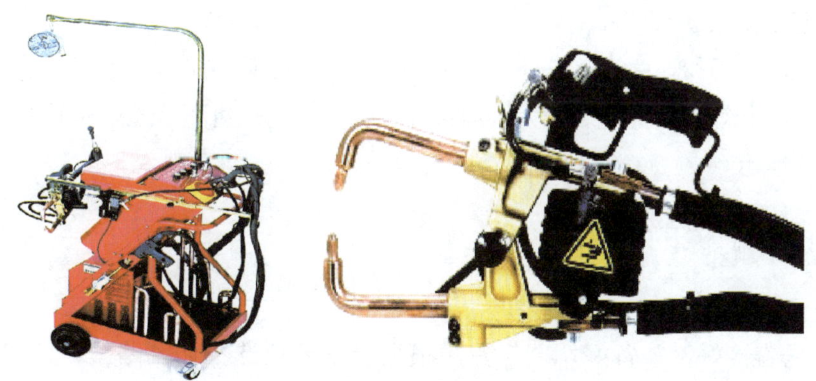

图 3—4—4　电阻点焊设备

（1）变压器

变压器的作用是将低电流强度的 220 V 或 380 V 车间线路电压转变成低电压（2 ~ 5 V）、高电流强度的焊接电流。

（2）焊机控制器

焊机控制器可调节变压器输出焊接电流的强弱，并可以精确调节焊接电流通过的时间。

一般车身修理时每个焊点的焊接时间最好控制在 1 ～ 6 s。

（3）焊枪（焊炬）

焊枪通过电极臂向被焊金属施加挤压力，并通入焊接电流。大多数电阻点焊机上都带有一个加力机构，可以产生很大的电极压力来稳定焊接质量。

4. 电阻点焊的焊接工艺

（1）选择电极臂

修理人员在修理车身时，应查阅修理手册寻找合适的专用电极臂，以便对汽车上难以焊接的部位进行焊接。

（2）调整电极臂

为了获得最大的焊接压力，焊枪的电极臂应尽量缩短（见图 3—4—5）。要将焊枪电极臂和电极头完全锁紧，使它们在工作过程中不能松开。

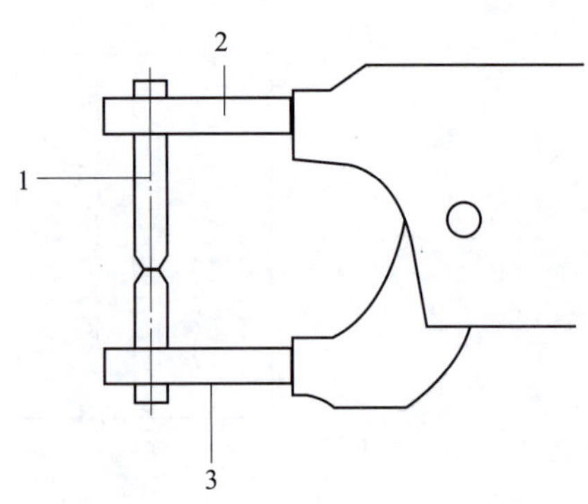

图 3—4—5　调节焊枪电极臂

1—电极头　2—固定端电极臂　3—活动端电极臂

（3）调整电极头

将上、下两个电极头对准在同一条轴线上。电极头不对准将引起加压不充分，造成电流过小，导致焊接部位的强度降低。

在开始操作前，注意电极头直径是否合适，然后用锉刀对其锉光，清除电极头表面的燃烧生成物和杂质。在使用没有强制冷却（循环水冷却）的电极头时，可在焊接 5 ～ 6 次后，让电极头端部冷却后再进行焊接。

（4）调整电流流过的时间

电流流过的时间和焊点的形成有很大的关系。当电流流过的时间延长时，所产生的热量增加，焊点直径和焊接熔深随之增大，焊接部位散发出的热量随着通电时间的延长而增加，如图 3—4—6 所示。

三、后翼子板的更换

1. 准备工作

将电源线连接好，准备好切割工具。根据损伤部位选择切割路线，如图 3—4—7 所示。

2. 清除焊点

针对不同的部位选择合适的工具与钻头直径，使用焊点去除钻来去除焊点，如图 3—4—8 所示。

3. 切割

根据切割路线，采用切割机进行切割（见图 3—4—9）。

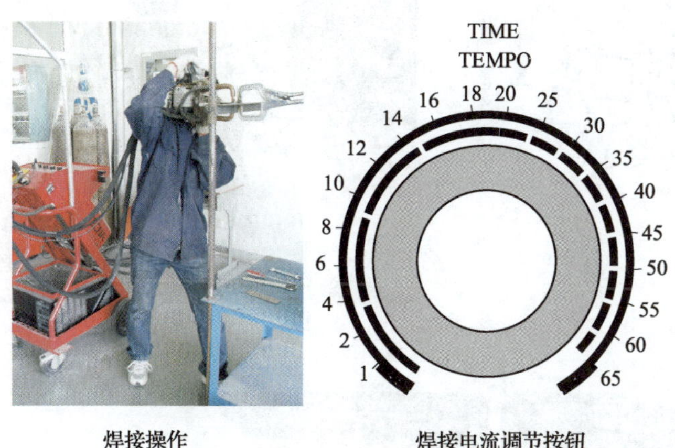

焊接操作　　焊接电流调节按钮　　电阻点焊焊接效果

图 3—4—6　电阻点焊焊接操作

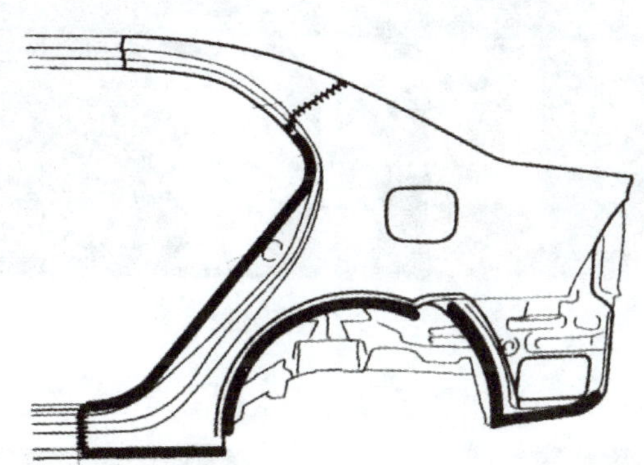

图 3—4—7　根据损伤部位选择切割路线

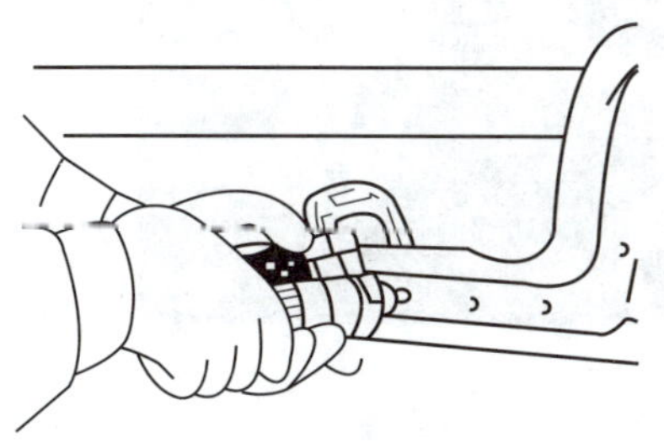

图 3—4—8　钻除焊点

图 3—4—9　根据切割路线进行切割

4. 打磨割缝

用研磨机磨平焊点部位的多余金属，使割缝平整，去除粘着物（见图 3—4—10）。

5. 将切割下来的后翼子板进行整修，如损伤严重，则需进行更换。

6. 将整修后的后翼子板放到车身原始位置，准备电阻点焊焊接，并用虎钳夹住若干点将它固定，要保证板件的末端和边缘匹配（见图 3—4—11）。

7. 调节好电阻点焊机的电流、压力等参数，开始进行电阻点焊（见图 3—4—12）。

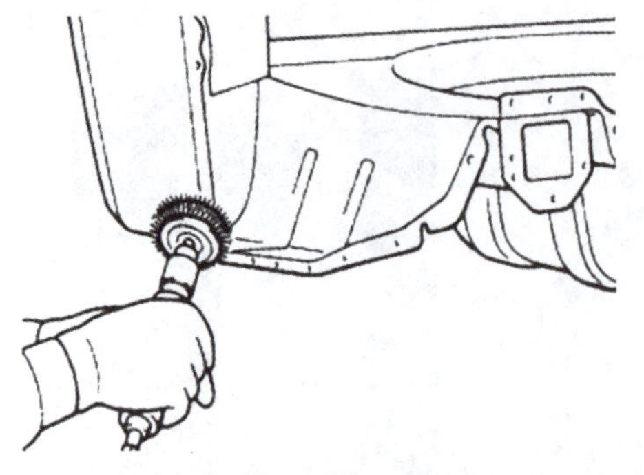

图 3—4—10 打磨割缝

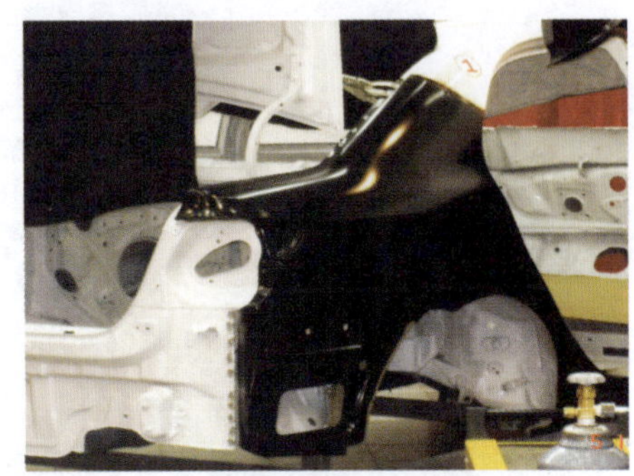

图 3—4—11 点焊

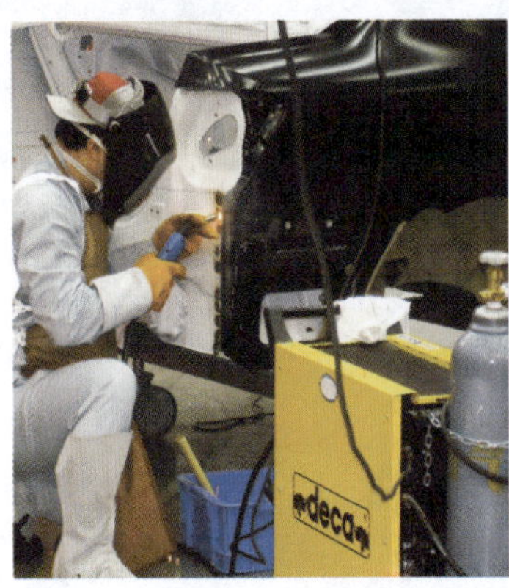

图 3—4—12 调节焊接参数

8. 按照点焊的焊接顺序，依次对翼子板进行定位固定，如图 3—4—13 所示。

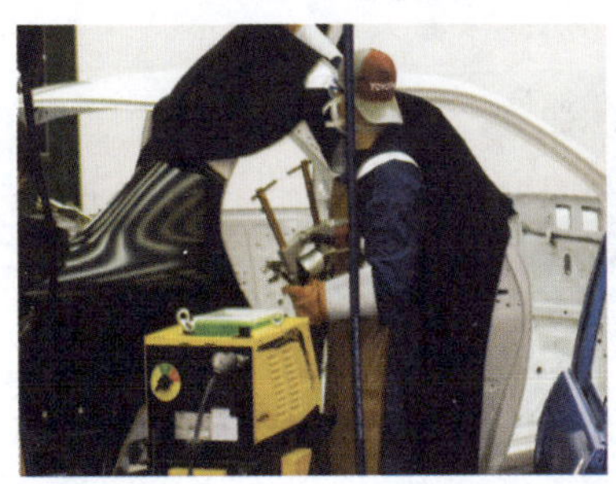

图 3—4—13 定位固定

9. 依次对翼子板进行焊接和调整，如图 3—4—14 所示。

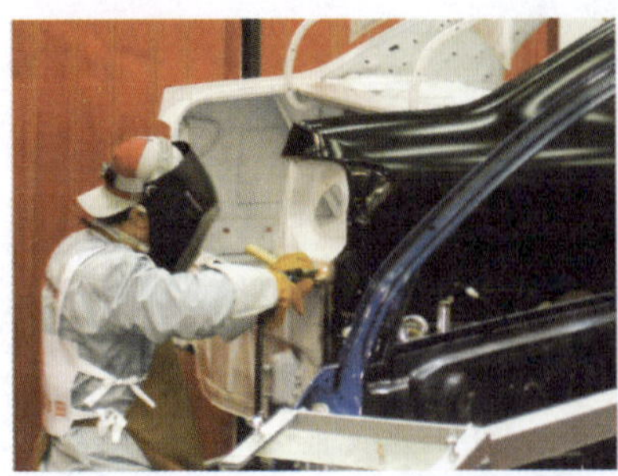

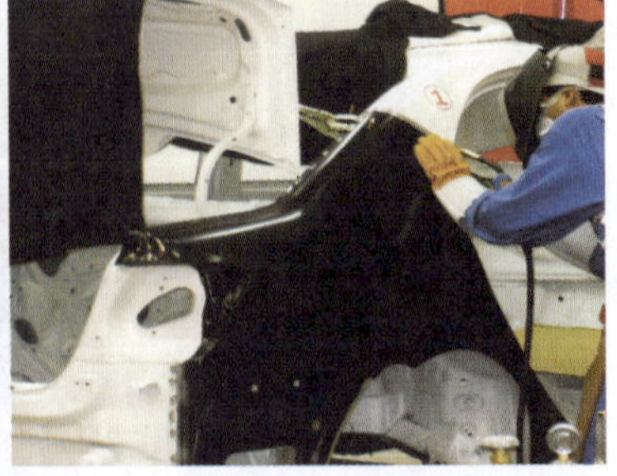

图 3—4—14 焊接调整

技能训练

训练 1：车身后翼子板切割

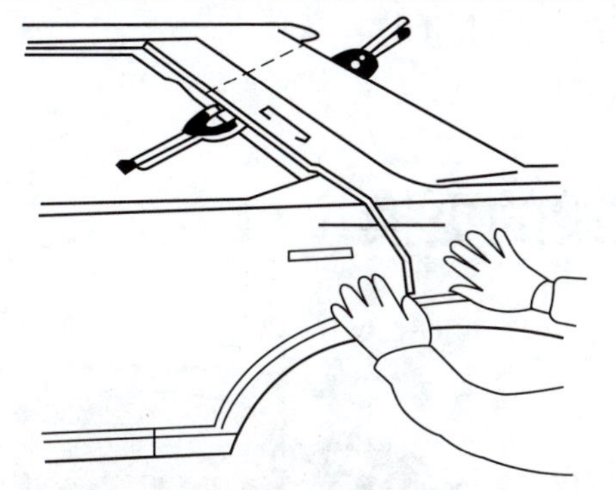	1. 车身后翼子板切割画线定位 （1）维修方案确定。 （2）切割方位确定。 （3）画线定位。
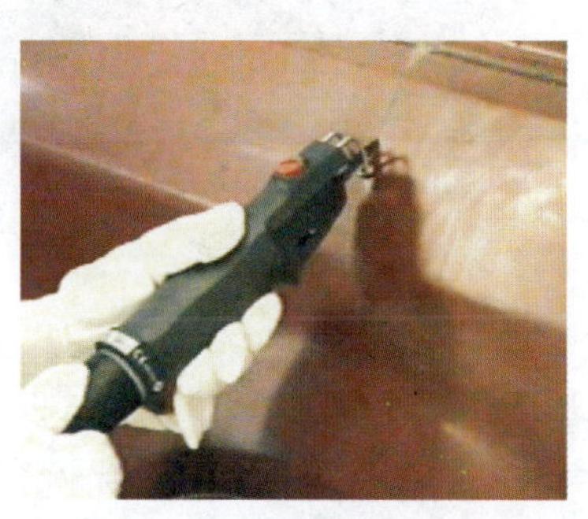	2. 车身后翼子板切割 （1）切割设备的选择，参数调节。 （2）根据画线位置进行切割。 （3）割缝及损伤表面的处理。

训练 2：车身后翼子板焊接

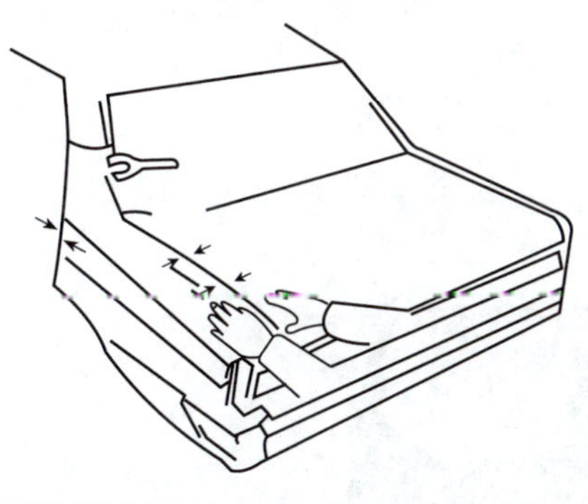	1. 车身后翼子板定位 （1）关闭后行李箱等部件。 （2）将修复或更换的后翼子板定位，并用大力钳将其周边定位。 （3）再次检查后翼子板与其他部件的间隙，调整。
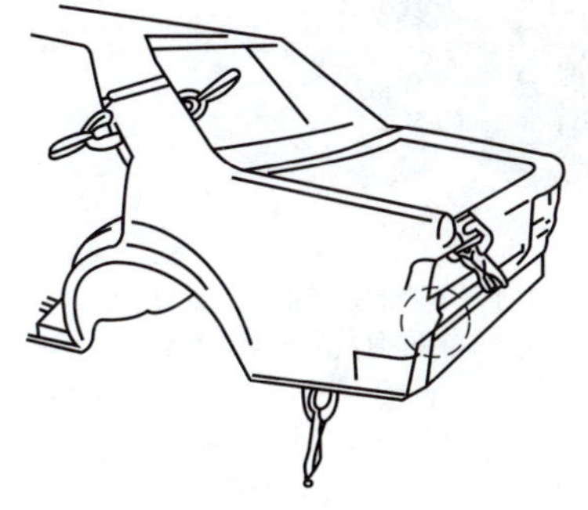	2. 车身后翼子板调整、焊接 （1）进行焊接。 （2）进行调整。 （3）进行打磨，处理。

思考与练习

1. 怎样等离子切割后翼子板?
2. 后翼子板定位、切割、打磨、焊接，写出操作实践中的操作技巧。
3. 简述后翼子板装配的操作步骤和操作方法。

课题五　前纵梁的更换

学习目标

1. 了解前纵梁的特点，能正确进行损伤分析和拉伸校正。
2. 熟练掌握前纵梁更换的操作方法。
3. 强调遵守操作规程和安全规范，保证质量。

知识准备

当汽车发生严重的前部碰撞时，车身前纵梁会发生严重的变形，如折叠、断裂等，在维修时无法恢复其性能，必须进行切割更换。下面以车身前部左侧受到严重损伤为例介绍前纵梁的修复方法。

一、前纵梁特点

1. 结构特点

前纵梁属于箱型结构，截面为封闭形式，受力较大，材料一般为高强度钢，如图 3—5—1 所示。

图 3—5—1　前纵梁的结构

2. 维修特点

前纵梁是车身前部的主要吸能构件，有特意设计的溃缩区。当前纵梁变形较严重时，在维修时都做更换处理，千万不能随意进行加固，也不能在溃缩区进行切割和焊接。

二、前纵梁损伤分析

车身左侧受到严重碰撞，前保险杠、水箱架、前翼子板、前挡泥板等都发生变形。

根据车身前部受损情况，制定修复方案。右侧变形可以通过钣金维修修复，水箱架可以通过简单的切割直接更换，但左纵梁及轮罩都需要作切割更换维修。

技能训练

训练：前纵梁的切割更换

当汽车发生严重的前部碰撞时，车身前纵梁发生严重的变形，需将其切割、定位、焊接及更换，恢复其性能和尺寸。

1. 拉伸校正

对车身进行拉伸校正工作，使相关尺寸达到要求，为切割前左纵梁做好准备，如图 3—5—2 所示。

图 3—5—2　对车身进行拉伸校正

2. 找出需要切除的相关焊点，并用焊点切割钻钻除

（1）找焊点

与纵梁有关的焊点主要在挡风玻璃基座处、轮罩与纵梁连接处、悬架支座下部、轮罩延长板与纵梁延长板接合处、轮罩上板与悬架支座外部后法兰连接处等。

注意要找到隐藏的焊点，如纵梁内外侧的连接处往往都涂有密封胶和吸音材料，必须把它们去除后才能找到焊点，如图 3—5—3 所示。

（2）切除焊点

将轮罩延长板与纵梁延长板接合处的焊点去除，把轮罩延长板和纵梁延长板拆开。具体方法是，先把固定散热器支座和轮罩延长板的焊点钻除，然后小心地将轮罩延长板向上翻，便露出轮罩延长板连接纵梁的焊点，然后切除。

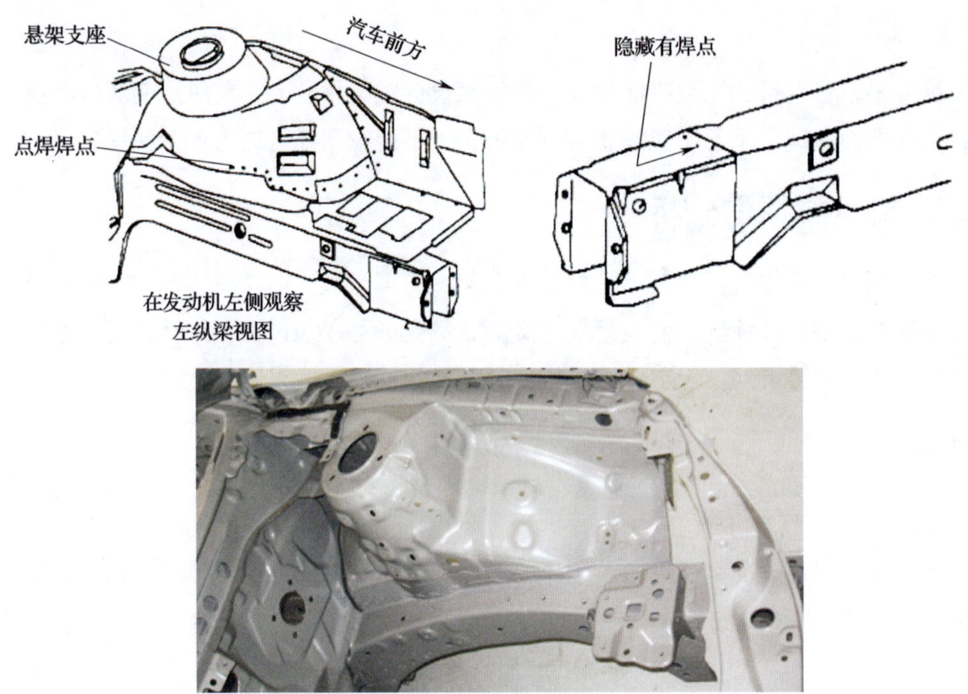

图 3—5—3 前纵梁相关焊点位置

3. 切割前纵梁

在悬架支座中心的前方、内部没有加强件的地方切割前纵梁，具体位置可以参考车身维修手册。如图 3—5—4 所示，在发动机一侧的切割位置是距前围约 300 mm 处，轮罩侧的切割位置应取在发动机侧切口的后方 80 ~ 120 mm 处。注意切割长度要比更换长度多 1.5 ~ 6 mm 的搭接量。

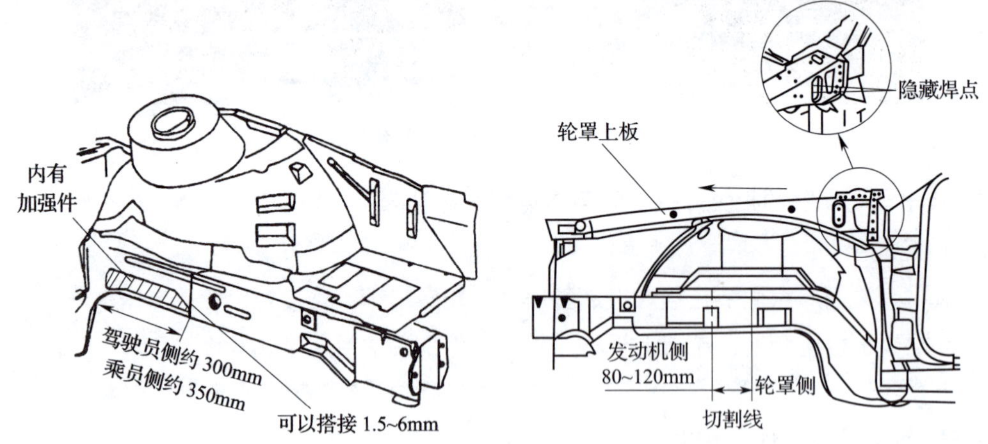

图 3—5—4 前纵梁的切割位置

（1）划线和粗切割

切割之前，对所要进行切割的新旧板件进行认真分析，考虑它们配合时的情况，预留足够多的余量，在车身前纵梁上进行划线，然后粗切割，如图 3—5—5 所示。

图 3—5—5　划线和粗切割

（2）精确切割

粗切割后，根据切割位置，选择合适的工具再进行精确切割，注意不能切割到板件内部加强件，如图 3—5—6 所示。

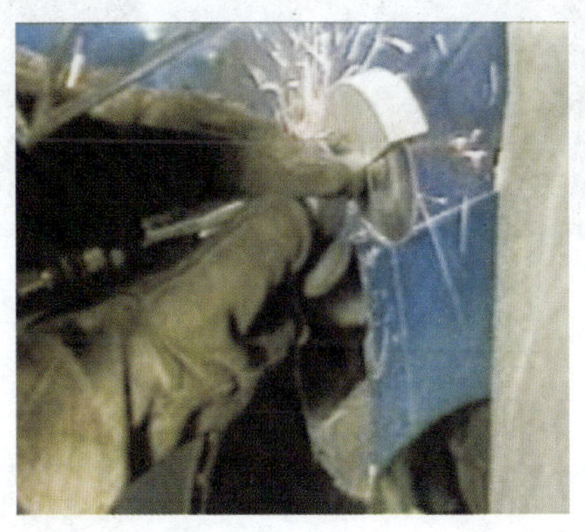

图 3—5—6　精确切割

4. 拆下损伤件

根据损伤部位切割出对接错口后，将损伤件从车上拆下来，如图 3—5—7 所示。

5. 新件的准备

对车身上切割位置进行修整。为了保证良好的搭接，如有必要可在车身上原结构件伸出端的拐角处仔细做出“开口”。开口的长度不能超过 6 mm，保证安装后开口的露出部分能完全焊严。安装时新结构件必须搭在原来的结构件之上，使对接更加稳定可靠，如图 3—5—8 所示。

（1）划线和切割

按照切割旧件的方法，准确测量好新件，并在测量的尺寸上增加一个适当长度，切割出对接错口，如图 3—5—9 所示。

（2）试装配

把切割下来并修整好的新板件安装到车身上，仔细观察它们的配合情况，并进行必要的测量，如图 3—5—10 所示。

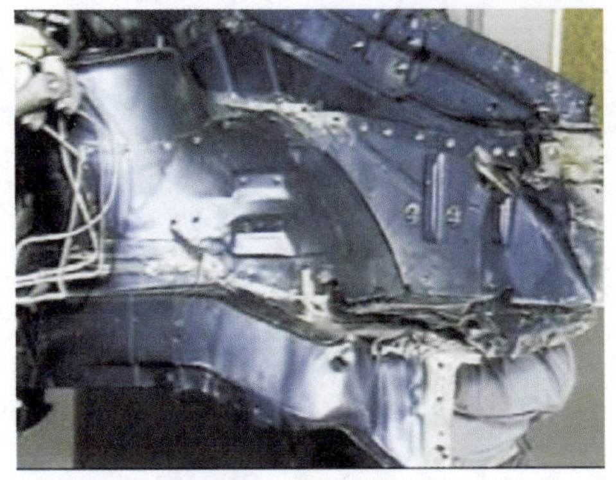

图 3—5—7 拆下损伤件

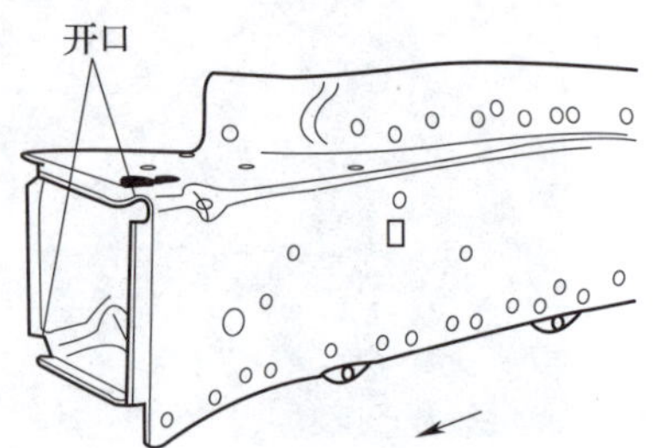

图 3—5—8 前纵梁“开口”

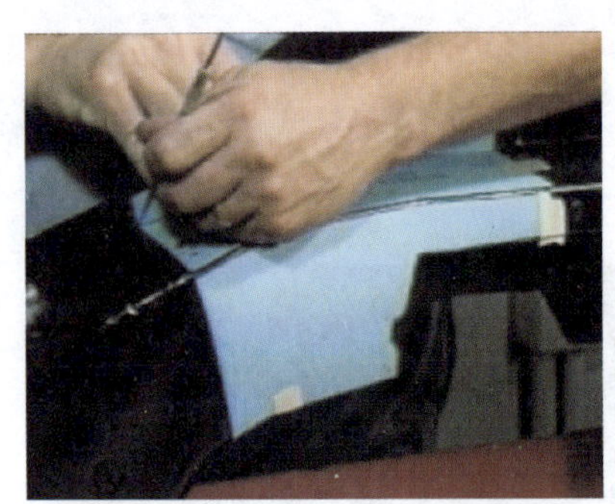

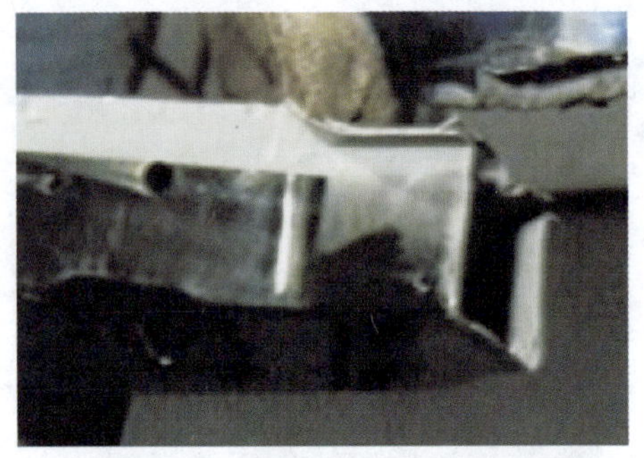

图 3—5—9 新件划线和切割

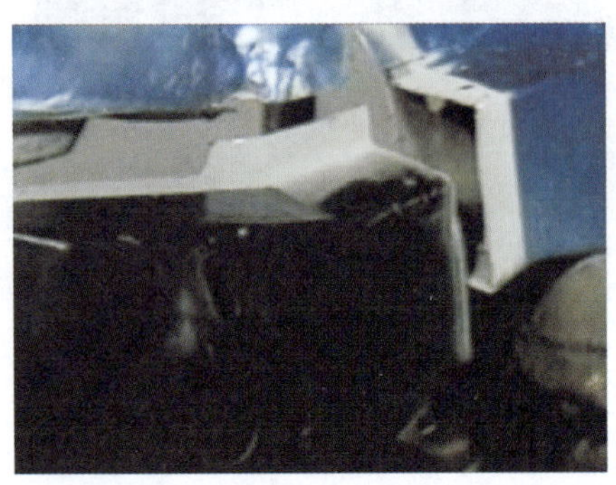

图 3—5—10 试装配

6. 修整和防腐

对所有的接合部及焊接部位进行打磨和彻底清理，并在裸露金属接合面上涂敷透焊底漆。

7. 装配

把新件安装在车身上，如图 3—5—11 所示。

8. 定位

将新件安装在车身上后，必须对其进行可靠的定位，才能进行焊接。最好利用定位夹具定位，把相应测量点按照维修数据图进行长、宽、高三维定位，以确保其尺寸及位置准确，如图 3—5—12 所示。

图 3—5—11　装配

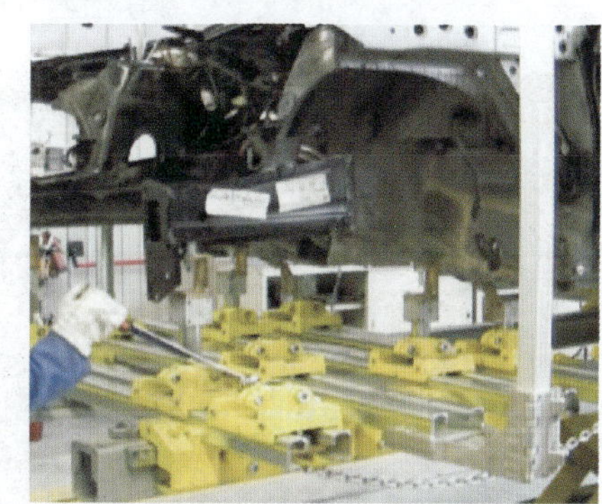

图 3—5—12　利用定位夹具定位

9. 焊接

当检查所有尺寸在公差范围内之后，即可焊接。按照焊接规范进行组焊，塞焊在原来焊点上进行，所有对接的焊缝必须完全焊到，不得留有间隙。注意焊接热量影响，按正确焊接顺序进行，如图 3—5—13 所示。

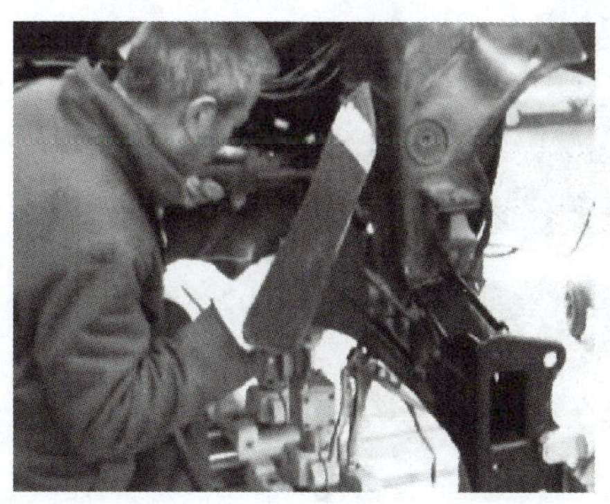

图 3—5—13　焊接

10. 焊后磨光处理

做焊后焊缝、焊点磨光处理，如图 3—5—14 所示。

11. 防腐和密封处理

最后对焊接部位进行防腐处理、密封处理，如图 3—5—15 所示。

图 3—5—14　磨光焊缝和焊点

图 3—5—15　防腐和密封

12. 总装

对与前纵梁有关的构件进行装配，如图 3—5—16 所示。

图 3—5—16　总装

思考与练习

1. 简述前纵梁的损伤分析及拉伸校正要点。
2. 如何进行前纵梁的更换修复？

课题六　塑料板件的维修

学习目标

1. 熟悉塑料件的类型、鉴别方法。
2. 掌握车用塑料件的维修方法。

知识准备

随着时间的推移，汽车保险杠等部位出现漆层脱离、塑料件开裂现象，严重影响了美观和使用性能，需进行检查修理，对塑料件进行修复。塑料件出现开裂现象，首先需要了解塑料件的类型、特性，掌握其鉴别方法和维修工艺，然后熟练掌握对各种类型的塑料件进行维修的方法。

塑料作为新型零部件材料，在汽车上的应用前景越来越广阔。塑料在汽车中的应用范围正在由以内装饰件为主转向外装饰件和功能结构件、由通用塑料为主转向工程塑料、复合材料或塑料合金等，今后的重点发展方向是开发结构件和外装件。

塑料汽车内装饰件主要有仪表板、车门内板、副仪表板、杂物箱盖、座椅、后护板等，仪表板是主要的汽车内装饰件之一，而塑料汽车外装饰件主要有保险杠、挡泥板、车轮罩、导流板等。目前，汽车保险杠是塑料用量最大的部件之一。

一、塑料的组成

塑料是以合成树脂为基体，并加入某些添加剂制成的高分子材料。它在一定温度、一定压力下可以塑造成各种形状的部件。

1. 合成树脂

合成树脂是塑料的主要成分，它的种类、性质及加入量对塑料的性能起到很大的影响，大部分塑料是以所加树脂的名称来命名的。工程上常用的合成树脂有酚醛树脂、环氧树脂、氨基树脂、有机硅树脂和聚氯乙烯、聚苯乙烯等。

2. 添加剂

加入添加剂是为了改善塑料的性能，扩大其使用范围。它包括填料、增塑剂、稳定剂、固化剂和着色剂等。

二、塑料的分类和特性

1. 塑料的分类

在汽车上应用的塑料，主要分为热固性塑料和热塑性塑料两大类。

（1）热固性塑料

这种塑料在加热、使用催化剂或紫外线照射下会发生化学反应，固化后形成永久的形状，不能通过反复加热和使用催化剂进行改变。热固性塑料耐热性好，但力学性能较差，不能焊接，可用粘接剂粘合。

（2）热塑性塑料

可以通过多次加热反复软化和变形，其化学成分不会发生变化。它在加热时软化或熔化，冷却后能硬化成形。热塑性塑料成形方便，力学性能较好，但耐热性较差，容易变形，可进行焊接。

2. 塑料的特性

塑料具有许多优良的物理和化学性能，质量轻，化学稳定好，比强度高，电绝缘性好，耐磨、减磨性好，吸振性和消声性好。

三、塑料的应用

由于塑料具有诸多其他材料所不具备的优良性能，因此在现代汽车上应用很广，常用于制作各种结构零件、耐磨减磨零件、隔热防振零件等（见图 3—6—1）。

由于塑料在车身上的应用广泛，这就要求车身维修人员掌握塑料的种类、特性、鉴别方法和维修工艺，从而完成对车用塑料件的维修。

四、塑料件的鉴别方法

由于塑料分热固性和热塑性两类，因此，在对塑料件进行修理前，首先应鉴别所修塑料件的类别（见图 3—6—2）。具体方法是:

1. 采用国际鉴别符号 ISO 识别码

这种识别码一般都模压在塑料件背面的一个椭圆形区域内，目前绝大多数汽车制造厂都使用这种识别码。用这种方法比较规范，但识别时比较麻烦，通常要把零件拆下来才能看到。

2. 查阅车身修理手册

有的制造厂不采用 ISO 识别码，但在制造手册中说明所使用的塑料种类，从而查到塑料件的信息。表 3—6—1 给出了汽车常用的塑料符号、化学名称、应用、耐温性及种类。

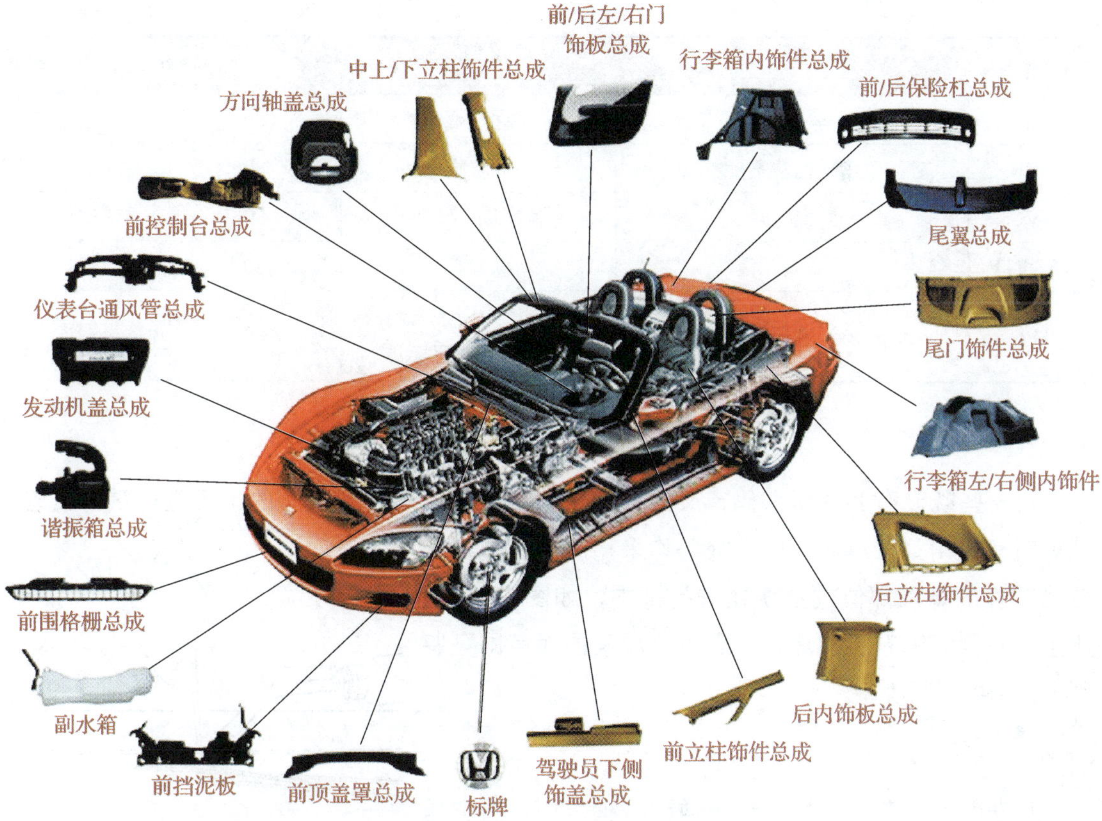

前/后左/右门饰板总成
行李箱内饰件总成
中上/下立柱饰件总成
方向轴盖总成
前/后保险杠总成
前控制台总成
尾翼总成
仪表台通风管总成
尾门饰件总成
发动机盖总成
行李箱左/右侧内饰件
谐振箱总成
后立柱饰件总成
前围格栅总成
后内饰板总成
副水箱
前立柱饰件总成
前挡泥板
前顶盖罩总成
标牌
驾驶员下侧饰盖总成

图 3—6—1　汽车上常用的塑料零件

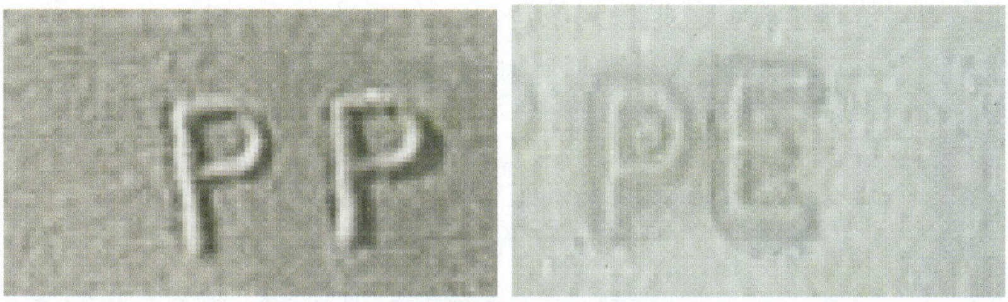

图 3—6—2　塑料件的鉴别

表 3—6—1　　汽车常用的塑料符号、化学名称、应用、耐温性及种类

符号	化学名称	应用	耐温性（℃）	塑料种类
AAS	丙烯晴、丙烯酸橡胶、苯乙烯	外后视镜	80	热塑性
ABS	丙烯晴、丁二烯苯乙烯	格栅，车体板	80	热塑性
AES	丙烯晴、乙烯苯乙烯	车顶嵌条，侧饰嵌条	80	热塑性
PC	聚碳酸酯	大灯，格栅，仪表板	160	热塑性
PE	聚乙烯	阻流板，内装饰板	80	热塑性
PMMA	聚甲基丙烯酸甲酯有机玻璃	后组合灯	80	热塑性

续表

符号	化学名称	应用	耐温性（℃）	塑料种类
PP	聚丙烯	保险杠	80	热塑性
PUR	热固性聚氨酯	保险杠	80	热固性
PVC	聚氯乙烯	内装饰板，软垫板	80	热塑性
TSOPTP	超级聚烯烃	保险杠	80	热塑性
TPU	热塑性聚氨酯	大的侧保险嵌条，前翼子板，挡泥板	80	热塑性

3. 试焊试验

对一些既没有 ISO 识别码，又无法在手册中查到所用塑料类型的也可进行试焊试验。试焊时可试用几种焊条，由于焊条均采用颜色编码，在待修零件的隐蔽部位或损伤处进行试焊，如图 3—6—3 所示，找到能够粘着的焊条，通过该焊条的颜色即可鉴别出母材的材料类型。

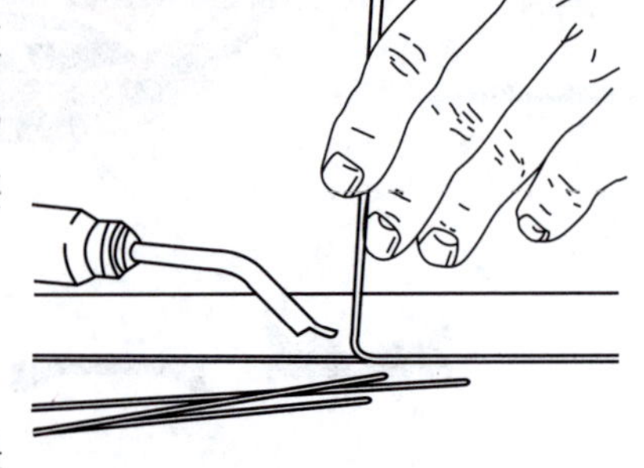

图 3—6—3　试焊试验

4. 漂浮试验

从塑料件上剪切一块塑料，放到一桶水中，看它是漂浮于水面还是沉入水底。如果塑料浮于水面，就是热塑性塑料；如果塑料沉在水底，就是热固性塑料。

五、塑料件的拆卸和维修

车用塑料件多采用螺钉、卡扣或胶粘剂进行紧固，可以参照车身制造厂提供的维修手册进行拆卸。

对于塑料件的维修，如果损伤面积较大，已无维修的必要，则只能进行更换。损伤面积较小，通常可以通过以下三种方法进行维修。

1. 胶粘修补

塑料件胶粘修补主要是利用一种高强度胶或环氧树脂双组分粘接剂，先将塑料件上的一些细小损伤清洗或打磨干净，然后再在损坏部位涂粘接剂，随后对维修部位进行打磨和整形，完成对塑料件的维修。胶粘修补的操作过程为：

（1）用肥皂水和塑料清洗剂清洗维修部位，使配合表面无蜡、灰尘和油脂等污物。

（2）按正确的比例彻底混合粘接剂的两种成分。

（3）在碎块和断口处涂上粘接剂，把碎块牢牢地压紧在断口两侧，确保损坏的部位在粘接剂固化之前不会移位，按使用说明书规定的要求固定几分钟后即可达到胶粘效果，如图 3—6—4 所示。

2. 加热校正

许多热塑性塑料件发生轻微的弯曲或变形后，可以用加热校正的方法进行维修。具体操作过程如下：

（1）可用塑料清洁剂或热肥皂水彻底地进行清洗并吹干塑料件。

（2）用热风枪等工具直接加热变形部位，待塑料件背面已经烫手时，说明加热已经差不多了。

（3）用手（戴防护手套）按压或用木块等敲打，使其复原，如图 3—6—5 所示。

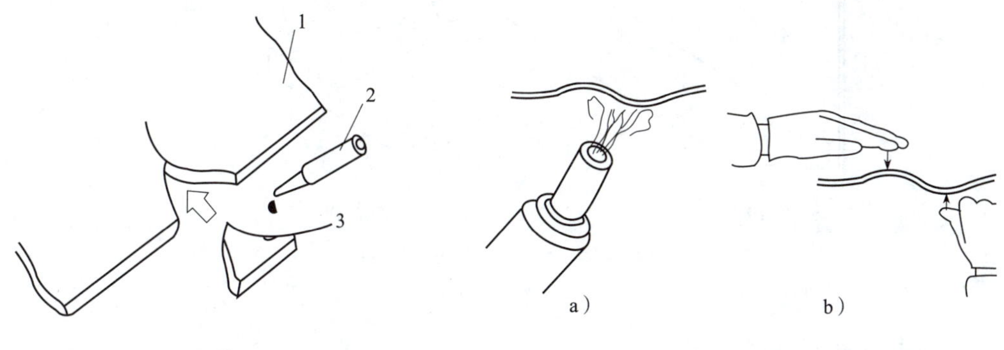

图 3—6—4 塑料件胶粘工艺

1—塑料件 2—粘接剂 3—碎块

图 3—6—5 加热校正

a）加热 b）校正

（4）用海绵或抹布浸上冷水快速冷却维修区域。

3. 焊接校正

焊接校正主要是利用热源和塑料焊条来对塑料件进行维修。热源由专用塑料焊机提供，热空气塑料焊枪结构如图 3—6—6 所示。它采用陶瓷或不锈钢电热元件来加热压缩空气或惰性气体，产生 230 ~ 345℃的热风，热风通过喷嘴吹到焊件及焊条上，使其软化，将加热后熔化的塑料焊条压入待接焊缝即可。具体的焊接操作过程如下：

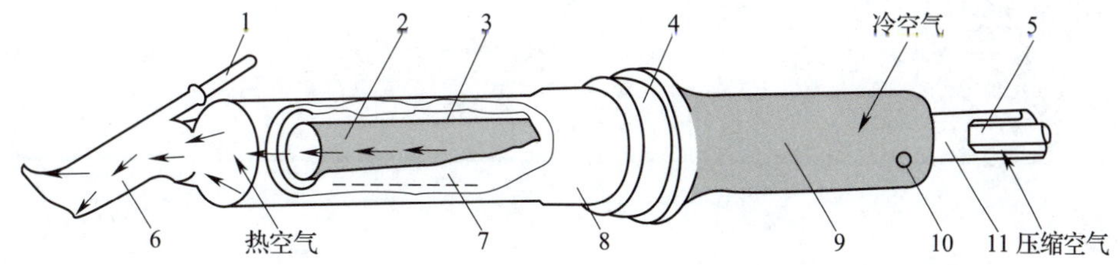

图 3—6—6 热空气塑料焊枪结构

1—喷管 2—加热元件 3—加热腔 4—固定螺母 5—120 V 交流电源线 6—焊枪尖端 7—内枪管 8—外枪管 9—手柄 10—螺钉 11—空气管

（1）开始阶段

先将焊条头部切出约 60° 角的坡口。焊接时，喷嘴与焊件表面应平行，距焊件表面 6 ~ 12 mm，焊条与焊件表面保持垂直，切好的焊条置于焊缝起始处。交替左右摆动向焊条和母材吹热风，同时将焊条压进 V 形焊缝坡口，通过加热量来调节焊条熔速。

（2）正常焊接阶段

在开始焊接后，应该对母材的加热要多一点。注意不要将塑料件熔化或烧焦。为使焊条与母材更好地熔在一起，一只手向焊条施加压力，同时将焊枪保持前后摆动加热，如图 3—6—7 所示。随着焊接的继续，会沿着整个焊缝产生一条小焊珠。

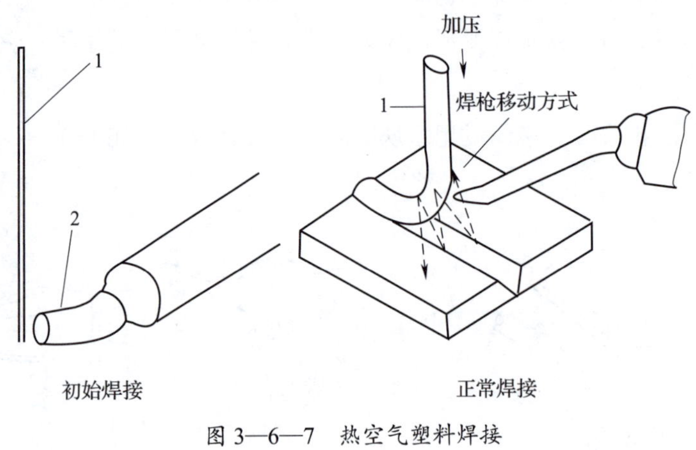

图 3—6—7　热空气塑料焊接

1—焊条　2—焊嘴

（3）收尾阶段

收尾时在停止加热后，还需要对焊条施加几秒钟的压力，待冷却到已不能拉动焊条，即可用小刀切下没有用完的焊条。焊接后，热固性塑料的冷却时间大约为 15 min，热塑性材料冷却时间则大约为 30 min。

（4）焊缝粗磨、检查和精磨阶段

分别选用不同规格的砂纸进行焊缝修磨。粗磨可选用 100 目砂纸，将其打磨光滑。在粗磨后，用肉眼对焊接缺陷进行检查，虚焊或裂纹都是不允许的。最后用 600 目和 800 目砂纸进行精细打磨。

塑料件焊接的注意事项：

塑料件与焊接材料要一致，焊接时要达到规定温度，压力适中，角度合适，焊接速度正确，最后要防止触电，焊接前须清理焊头。

技能训练

训练：汽车保险杠的修复

汽车保险杠等部位出现漆层脱离、塑料件开裂现象，严重影响美观和使用性能，需进行检查修理。

一、拆卸汽车保险杠

先将汽车保险杠拆下，并将保险杠杠皮和骨架分离。操作过程中应注意：

1. 拆装保险杠，不得损伤其他部件及漆层。

2. 判断保险杠杠皮和骨架的损伤情况，确定维修方案。

二、修复汽车保险杠

1. 准备好保险杠杠皮支架、烤灯、打磨机、热肥皂水、塑料清洁剂、环氧树脂粘接剂、玻璃纤维布、塑料刮刀和砂纸等工具和材料。

2. 用热肥皂水或塑料清洁剂清洗整个保险杠杠皮内外表面并吹干，如图 3—6—8 所示。

3. 对杠皮开裂部位进行打磨，沿着裂纹开出坡口，以便于粘合（见图 3—6—9）。

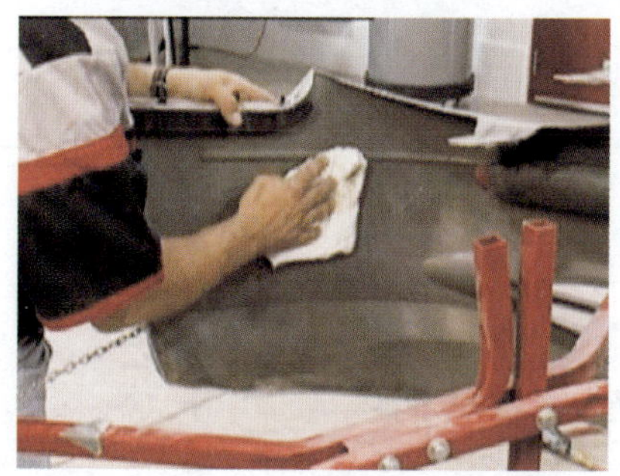

图 3—6—8　清洗保险杠杠皮内外表面

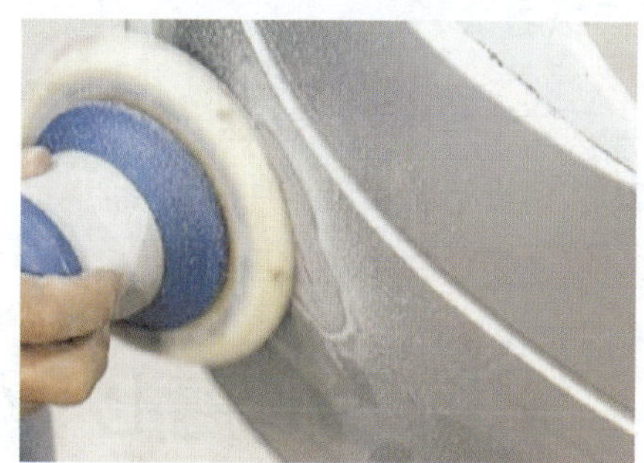

图 3—6—9　打磨开裂部位

4. 对保险杠杠皮的背面进行打磨并清洗干净。

5. 将环氧树脂粘接剂调和均匀，涂抹于保险杠杠皮的背面，如图 3—6—10 所示。

6. 剪一块大小合适的玻璃纤维布覆盖在粘接剂上，布网中再用粘接剂填满，并用塑料刮刀涂抹均匀，如图 3—6—11 所示。

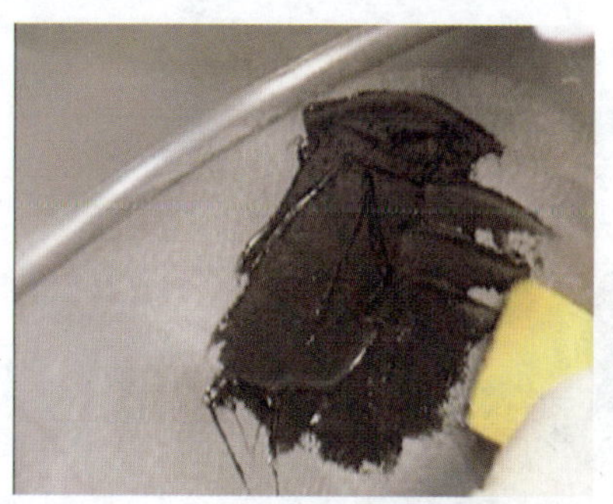

图 3—6—10　涂环氧树脂粘接剂

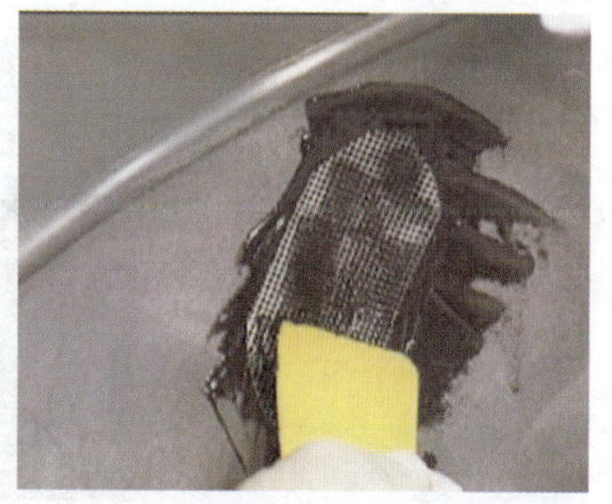

图 3—6—11　将玻璃纤维布覆盖在粘接剂上

7. 保险杠杠皮背面得到加强之后，在打磨过的正面涂上一层环氧树脂粘接剂，用刮刀修整粘接剂的形状，以符合部件外形，等待粘接剂完全硬化，如图 3—6—12 所示。

8. 分别用 600 目和 800 目砂纸对保险杠杠皮维修部位进行打磨，如图 3—6—13 所示。

9. 将保险杠杠皮移交涂装处理。

图 3—6—12 修整粘接剂形状

图 3—6—13 打磨保险杠杠皮维修部位

思考与练习

1. 简述塑料件鉴别方法。
2. 如何进行车用塑料件的维修?
3. 简述塑料件损伤校正的操作流程。

课题七 车身铝件的焊修

学习目标

1. 了解铝质材料的特性、分类及维修条件。
2. 能正确进行铝板件的校正和修复，熟悉工艺流程和方法。
3. 遵守操作规程和安全规范，保证质量。

知识准备

近年来，随着汽车工业的不断发展，人们对汽车轻量化和环保性的要求越来越高，汽车制造企业在汽车的结构设计、制造技术、材料选用等方面进行了大量研究，希望能够研发出安全可靠、节能环保、自重轻的新型汽车。金属铝由于具有质轻、耐磨、耐腐蚀、弹性好、比刚度和比强度高、抗冲击性能好、加工成形性好和再生性高等特点，已被广泛应用于汽车车架和各种板件，例如车门板、翼子板、发动机罩等，如图 3—7—1 所示。

图 3—7—1　铝车身

铝的用途比较广泛，在汽车上的使用呈逐年递增的趋势。局部或整体使用铝材的车型有很多，如宝马、奥迪、沃尔沃、陆虎等，车身所使用的铝材基本都是铝合金，通过增减合金元素的配比和采用适当的热处理工艺等，使其达到所需性能。

一、铝的特性及其在车身的应用

铝比钢软得多，且当铝受到加工硬化以后，更难以加工成形。它的熔点也较低，加热时容易变形。铝质车身及车架构件的厚度通常是钢件的 1 ~ 2 倍。由于加工硬化的影响，铝件受到损坏后更加难以修复。

用于汽车车身板材的铝合金主要有 Al–Cu–Mg、Al–Mg 和 Al–Mg–Si 三种。铝合金由于可塑性好、强度高，成为许多汽车生产商的首选新型车身材料，如图 3—7—2 所示。如欧洲的汽车生产商一般会使用成形性能较好的铝合金作为主要的车身板材，美国的汽车生产商则使用具有足够强度的铝合金作为车身的主要板材。

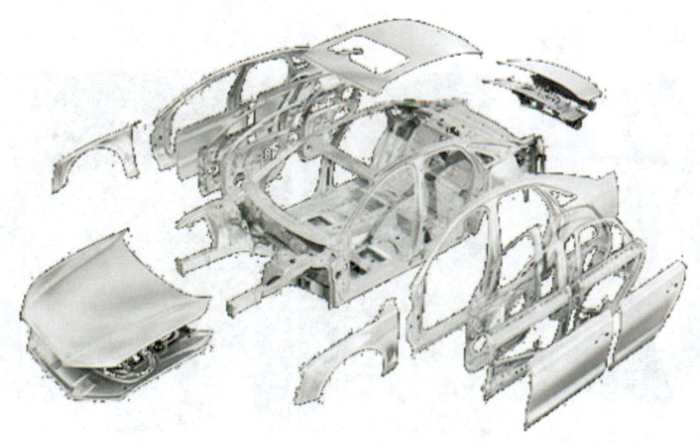

图 3—7—2　铝质车身和车架

对于车身的不同部位、不同构件，所使用铝材的合金成分、种类和热处理工艺也并不相同。如车辆的保险杠骨架、加强梁或侧防撞梁等，所使用的铝材都应具有足够的强度和韧度，在发生碰撞时要有良好的吸能特性（比钢板增加 50% 左右）。车辆传动系使用铝质构件，不但具有足够的强度和韧度，同时还具备良好的导热能力。在生产铝质车身的汽车时，焊接铝质车身比焊接传统钢质车身能耗增加60%，而且一旦发生交通事故，铝质车身的维修费用较高。由于铝材的熔点较低、可修复性差，所以维修人员需要使用专用铝车身修复工具及特殊的工艺方法进行修复。

二、铝质车身的修复要求

铝质车身的修复与传统钢质车身（见图3—7—3）修复工艺相差较大。维修人员不仅对铝材的特性要非常了解，还要对铝质车身的修复工艺、连接方式与接口形式、粘接剂与铆接工具等了如指掌。实际操作过程中，要时刻牢记安全注意事项。

铝质车身

传统钢质车身

图3—7—3 铝质车身传统钢质车身修复的区别

1. 需要独立的维修空间和防爆吸尘系统

铝质板材在打磨过程中会产生很多铝粉，吸入后不但对人体有害，而且在空气中易燃易爆，所以在维修铝质车身时要设置独立的维修空间和防爆集尘吸尘系统（见图3—7—4），以保证车身修复操作更加安全。

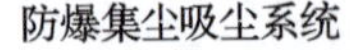

防爆集尘吸尘系统

独立的维修车间

图3—7—4 独立的维修空间和防爆吸尘系统

2. 铝质车身部件更换

更换铝质部件时，其连接方式与钢质车身有很大区别。钢质车身的接缝处一般采用焊接方式，而铝质车身的连接处多采用粘接或粘接与铆接共用的连接方式。粘接剂固化时间长，如果不对更换部件进行定位，修复后的车身就很难恢复原技术尺寸。当校正架没有专用定位夹具时，使用辅助夹具或通用夹具固定是一种比较有效的方法。

3. 铝质车身修复的专用维修设备和工具

在进行铝质车身修复时，具备带有定位夹具的校正架是远远不够的，还要有专用的气体保护焊机、铝焊机、强力铆钉枪、铆钉取出器等设备和工具，如图 3—7—5、图 3—7—6 所示。在修复过程中，一定注意工具要单独摆放，不能与修复钢质车身的工具放在一起。修复钢质车身的工具残留有钢铁碎屑，如用其修复铝质车身，钢铁碎屑会对铝件造成损伤。

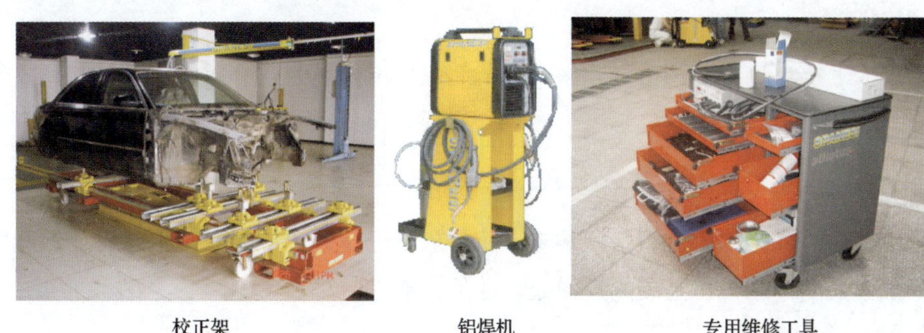

校正架　　铝焊机　　专用维修工具

图 3—7—5　专用维修设备和工具

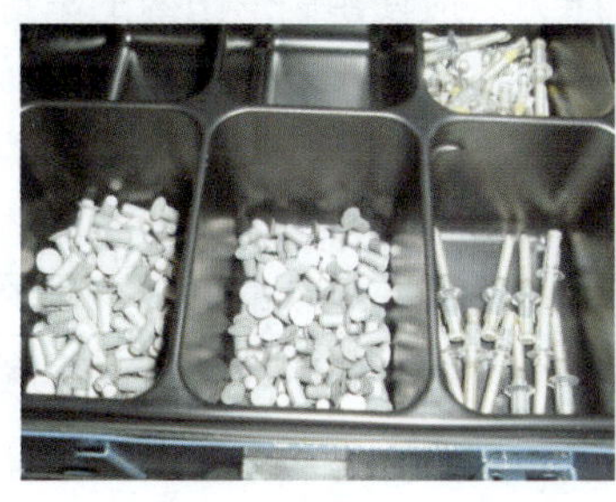

铆钉

铆钉枪

图 3—7—6　铆钉和铆钉枪

三、铝板的校正方法

铝板的强度比较低，不能使用常规钢制的整形工具。一般使用表面是橡胶或木制的锤或垫铁来进行维修，可以防止在校正中对铝板敲击过重产生过度拉伸。

由于铝板的可延展性不及钢板，采用对铝板的变形较缓和的铁锤不在垫铁上的敲击法。为了降低隆起处的高度而用铁锤和垫铁敲击时，必须注意不要加重损坏的程度，如图 3—7—7 所示。

敲击时，如果锤击太重或次数太多都会拉伸铝板，所以应该多次轻敲，而不能是重敲一两次。收缩锤不可用于铝板，以免使铝板开裂。裸露的铝表面上不可涂敷填充剂或油灰。第一次使用前，在裸露的铝表面应先涂上环氧树脂底剂。另外，也不能使用铅性填充剂，因为铅会降低铝的耐腐蚀性。

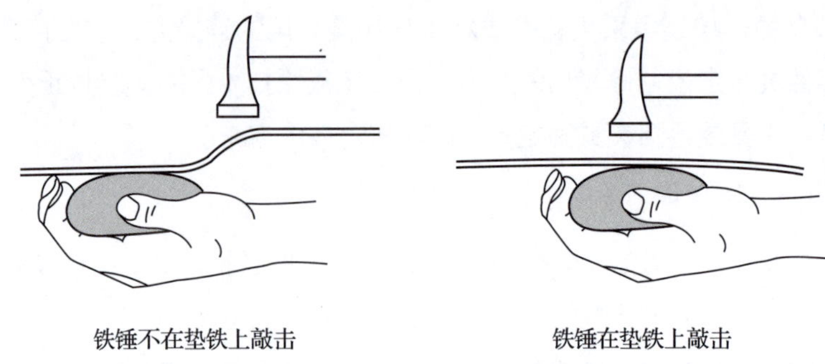

图 3—7—7 铁锤和垫铁配合的敲击

1. 铝板凹陷

对于铝板上出现的小范围凹陷，用尖锤撬起效果很好。但是不能使凹陷处升高太多，也不能拉伸柔软的铝板。

2. 弹性敲击

可以使用铁锤和修平刀进行弹性敲击，来释放高隆起处的应力。修平刀将敲击产生的力分散到一个较大的范围，使坚硬的折损处弯曲的可能性减小。

3. 用锉修平铝板

由于铝很柔软，应减轻手施加在车身锉上的压力。应使用圆形边缘的车身锉，以免擦伤金属。

4. 铝板的打磨

在铝板上打磨时，要防止高速砂轮机上粗糙的砂轮烧穿柔软的铝板，还要注意打磨过程中产生的热量会使铝板弯曲。可以使用 36 号粒度的砂轮。打磨时要特别注意，只能将油漆和底层涂料去掉，不可切割到金属。打磨 2 ~ 3 次后，用一块湿布使金属冷却。对于小范围和薄边的打磨，应使用双向砂轮机或电动抛光机，转速应低于 2 500 r/min。建议使用粒度为 800 目或 1 000 目的砂纸或柔软、能变形的砂轮垫块。

5. 铝板的收缩

对铝板进行拉伸或敲击时用力过大很容易形成隆起变形，这时就需要对受到拉伸的板件进行收缩处理，恢复正常的板件高度。铝板的强度低、熔点低，加热温度不能过高，否则会使板件产生更大的变形，导致修复失败。

四、铝板件的修复

1. 铝板外形修复机

铝板外形修复机如图 3—7—8 所示，与钢板外形修复机修复的工作原理相同，也是在板件上焊接焊钉，然后通过焊钉对铝板进行拉伸，达到修复的效果。

图 3—7—8　铝板外形修复机

铝的电阻是钢板的 1/5 ~ 1/4，铝焊接时的电流是钢铁焊接的 4 ~ 5 倍，很难得到这么大的电流。铝板外形修复机内部没有线圈变压器，里面有十几个大容量的电容，通过所有电容瞬间放电来焊接。

铝焊钉的头部有一个小尖与板件接触，接触面积小，电阻大，产生电阻热大，容易焊接。如果铝焊钉没有尖头就不能用了，这么大的接触面积正常的焊接电流不能够焊接，所以铝焊钉（见图 3—7—9）是一次性使用的，不能重复使用。

2. 铝板外形修复机修复的步骤

（1）用刷子将氧化层清除干净（见图 3—7—10），否则焊接不牢固。

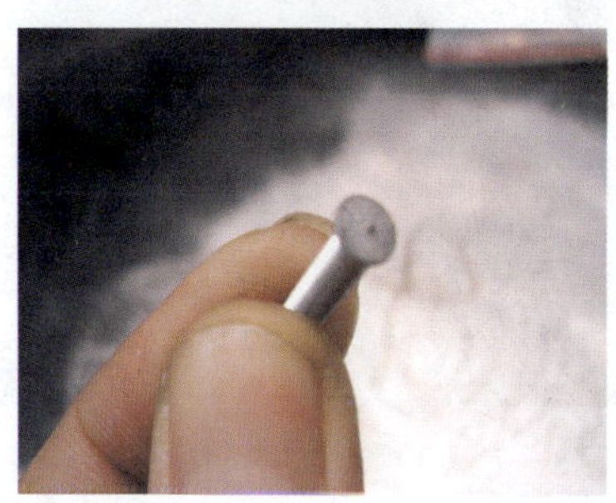

图 3—7—9　铝焊钉实物

图 3—7—10　清除铝件氧化层

（2）把焊钉安装在焊枪上（见图 3—7—11），接通铝板外形修复机的电源，调整合适的电流大小。

图 3—7—11　焊钉安装

（3）把焊钉用一定力压在板件上（不能太大或太小），焊钉要与板件接触面垂直。按压焊枪的启动开关，焊钉通电后会焊接在铝板上（见图 3—7—12）。

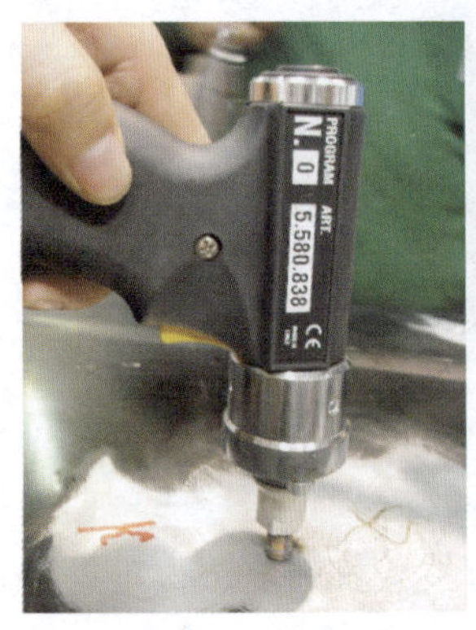

图 3—7—12　焊钉焊接

（4）把拉伸连接件拧到焊钉的螺纹上。通过拉伸连接件对板件凹陷处进行拉伸操作（见图 3—7—13）。动作要轻柔，力量要慢慢加大，防止局部变形过大，拉伸的同时可以用钣金锤对拉伸部位进行敲击整形。

（5）拉伸完毕后，用尖嘴钳清除焊接在表面的焊钉（见图 3—7—14）。

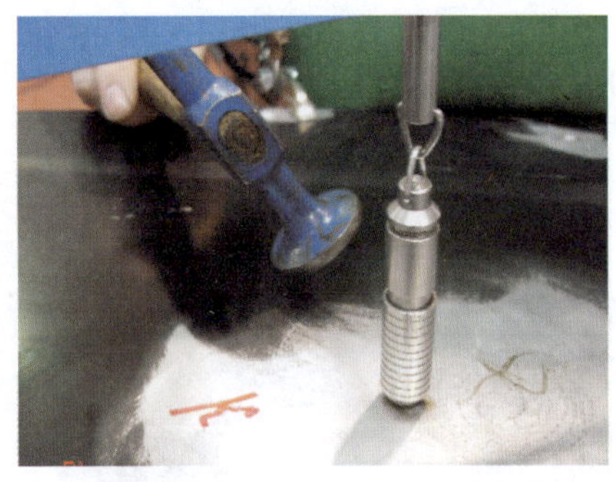

图 3—7—13　拉伸操作

图 3—7—14　清除焊接在表面的焊钉

（6）焊接部位用锉或打磨机打磨平整。铝板处理后不用单独做防腐处理，因为铝板会马上形成氧化膜阻止进一步的氧化（见图 3—7—15）。

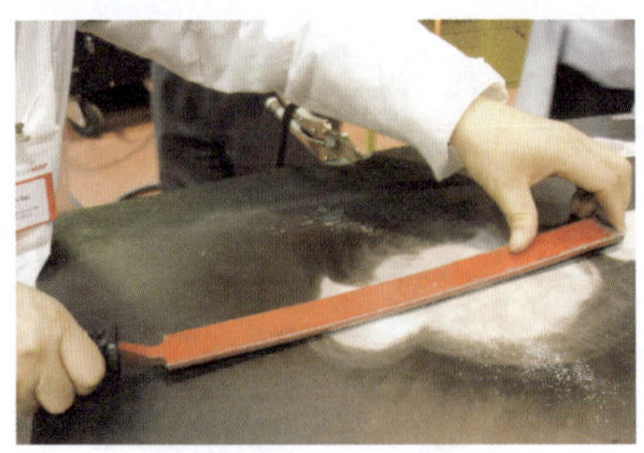

图 3—7—15　打磨平整

技能训练

铝金属广泛应用于车门板、翼子板、发动机罩等，由于撞击、事故导致变形需进行敲击、锉修。

训练 1：铝板件的校正

	1. 敲击法 （1）轻敲轻放，以防延展。 （2）工具要专用，不能与修钢质车身的工具混用。
	2. 用锉修平铝板 （1）应顺受力方向，轻手施锉。 （2）使用圆形边缘的车身锉，免伤金属。 （3）要有防爆炸的集尘吸尘系统，以及时吸收铝粉。 （4）要用铝材专用锉刀锉削。

训练 2：铝板件的修复

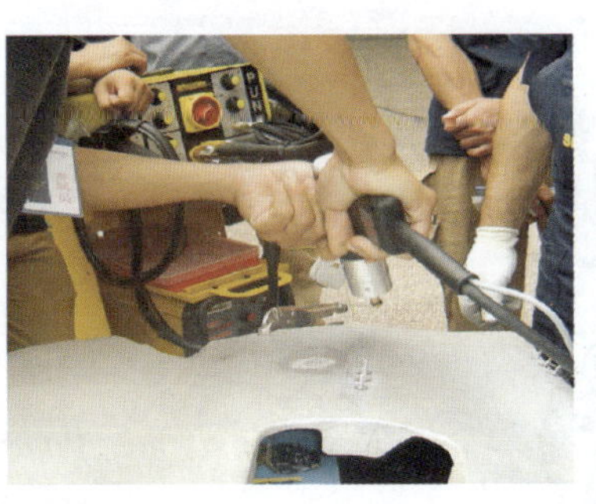	（1）判断铝板件损伤情况。 （2）如表面小损伤，采用铝板外形修复机进行修复，恢复其性能。 （3）严重损伤，如出现撕裂等现象，则采取更换或铆钉枪铆接等处理。

思考与练习

1. 简述铝板件校正的注意事项。
2. 如何进行铝板件的修复？
3. 简明总结铝件修复的条件。

课题八　车身整体变形损伤的校正

学习目标

1. 掌握车身整体校正的修复方法、损伤分析。
2. 熟练进行事故车辆的校正修复。
3. 遵守操作规程和安全规范，保证质量。

知识准备

一、汽车碰撞维修的基本步骤

在维修之前，需充分了解事故车辆（见图 3—8—1）的相关信息，以更好地检验、测量、校正，为提高维修质量做好准备。

图 3—8—1　严重损伤车辆

1. 了解受损汽车车身结构类型，如车架式车身、整体式车身等。
2. 目测确定碰撞的部位、撞击方向和估算碰撞力的大小。
3. 检查可能存在的隐性损坏，确定损坏是否限制在车身范围内，是否还包含功能部件或元件的损坏（如车轮、空调、悬架、发动机等）。

4. 沿碰撞能量传递路线检查部件的损坏，直至没有出现任何损坏痕迹的位置。

5. 测量主要元件的技术尺寸参数。通过比较标准尺寸和实际测量尺寸，检查、确定其变形的大小，以便最终确定修理方案。

6. 制定事故车辆维修方案，进行维修。

二、事故车辆维修校正方法

1. 校正工艺程序的设计原则

在设计拉拔校正程序时，一定要遵循下述基本原则，以保证变形或损伤件的修复工作量最小，而且不会造成车身结构的进一步损坏。

（1）按与碰撞变形发生的相反顺序进行修复。

（2）拉拔力不得大于固定力的合力。

（3）在承载式车身轿车上没有任何一个单个的固定点能承受全部的拉拔力，拉拔力必须分配到整个车上，采用多点固定、多点拉拔的方法来实现。

2. 初步夹紧固定和检查校正方法

（1）夹具定位在车上的平台式校正仪或地框式校正设备上。

（2）在机械部件或悬架固定部位用螺栓固定。

三、碰撞对整体式车身的影响

汽车发生碰撞时，产生的碰撞力及受损程度取决于事故发生时的状况。了解事故的整个过程，将有助于确定损坏情况。因此，车身修理人员应及时向事故的见证人尤其是驾驶员，询问事故发生的全过程。

整体式车身在设计上能够很好地吸收碰撞力。碰撞时，撞击处车身发生一定的扁折变形，来吸收一部分碰撞能量。当碰撞力向结构传播时，它会被车身上更多的吸能区域吸收，直到碰撞力全部消失。整体式车身的损坏表现有以下几种形式。

1. 前部损坏

前部损坏往往是指车头撞上另一辆车或其他物体引起的损坏，碰撞力大小取决于车重、车速、撞击物以及撞击面积的大小。如果碰撞较轻，将会造成保险杠后移，使保险杠座、散热器支座、前侧梁、前翼子板和发动机罩锁支柱等发生弯曲变形。如果碰撞较严重，前翼子板将撞到前门，发动机罩铰链将形成上弯，碰到发动机罩，前侧梁折皱，与悬架所在横梁相碰。如果前部碰撞与整车轴线有一个夹角，还会发生弯曲变形。而且由于两侧纵梁由横梁连接在一起，受碰撞后一侧纵梁上的力将通过横梁传到另一侧纵梁上，如图 3—8—2 所示。

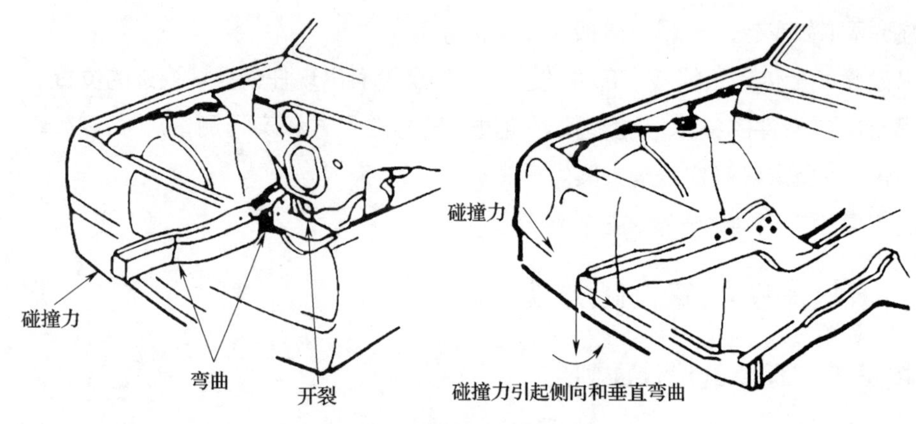

图 3—8—2 整体式车身弯曲及断裂

前端损坏的一般修理包括前部横梁一侧的前挡泥板及侧梁的更换，以及另一侧的前翼子板、前挡泥板和侧梁的修复。要从前挡泥板和侧梁的复原开始，并且要修复替换件的支撑结构，如图 3—8—3a 所示。修理时，涉及测量对角线的尺寸 *A* 和 *B*，如图 3—8—3b 所示，在目视下校正对角线尺寸。如果对挡泥板上加强肋和侧梁同时进行牵拉将更有效。

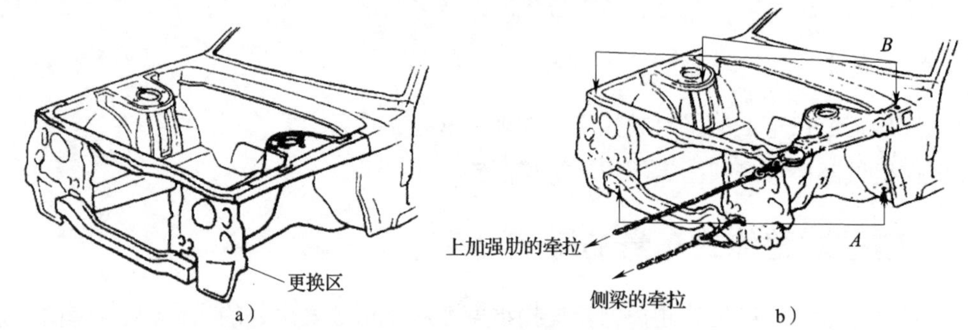

图 3—8—3 车身前端侧梁牵拉

如果由于牵拉会引起修理侧的侧梁严重损坏，则可在对角线尺寸正确的地方，将前横梁和散热器的上支撑分开，再分别加以校正。要夹紧侧梁里面的损坏面，向前牵拉时，从里向外拉或从外向里压（见图 3—8—4a）。修理完弯曲部分后，使尺寸与标准的对角线尺寸相吻合。简单地夹住挡泥板侧梁的前缘进行牵拉，修理不好车体前柱或前围板的主要损坏（见图 3—8—4b）。

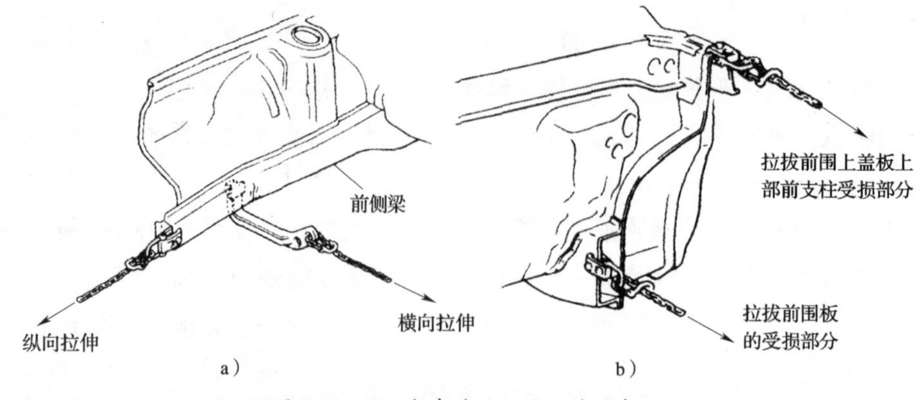

图 3—8—4 车身前端纵梁和前围牵拉

2. 后部损坏

后部损坏是指在倒车时撞上其他物体或被另一辆车从后面碰撞引起的损坏。如果碰撞较轻，后保险杠、行李箱、后车身板和地板等会发生变形，车轮上方的后侧围板也可能鼓起。如果碰撞较重，后侧围板会上折到车顶，四门车辆的车身中支柱会弯曲，碰撞会使车身上部部件和后部纵梁发生变形。

与车身前部比较，车身后部的车板结构更复杂，损坏可能扩散得更厉害，当后侧梁被撞进轮罩、后门有间隙误差时，不要对只有少量变形甚至没有变形的后顶盖侧作牵拉。只能靠牵拉侧梁来消除后顶侧板的应力。如若轮罩或车顶侧边的内板和后部侧梁一起夹紧牵拉，则车门的间隙就可保持正确，如图 3—8—5 所示。

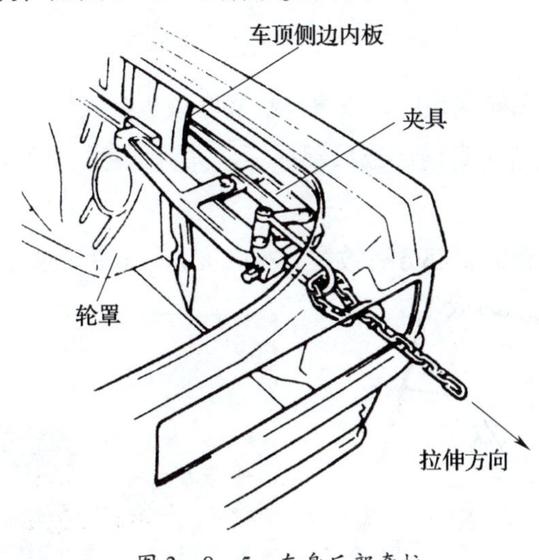

图 3—8—5　车身后部牵拉

一旦上部结构的损坏修复到可以加以固定时，马上装好校正上部结构的固定装置。同时应去掉损坏严重、不能再进行修理、需要更换的部件。

3. 侧面损坏

汽车侧面碰撞损伤，会造成车门、前部侧板、车身中支柱，甚至地板均发生不同程度的变形。如果前翼子板中部受到撞击，前轮将会后缩。碰撞力将通过前悬架所在的横梁，传递给两侧纵梁。如果碰撞力很大，悬架部件造成损坏，前轮定位将发生改变。如果车门槛板中心严重碰撞，车底板也会变形，整个车身会扭曲。图 3—8—6a 表示了一种固定方法，当在汽车两端进行侧向牵拉时，中心部分可以采用由一根链条穿绕，使用夹具，并用挂钩挂住工作台边缘的方法来固定。

如果中柱受到撞击，门框变形较大，可采用分离式千斤顶等设备和工具用动力杆支好，利用液压力恢复门框的形状和尺寸（见图 3—8—6b）。

4. 顶部损坏

顶部损坏大都由落物或汽车翻滚引起，不仅局限于车顶板，还有可能造成车顶侧梁、后

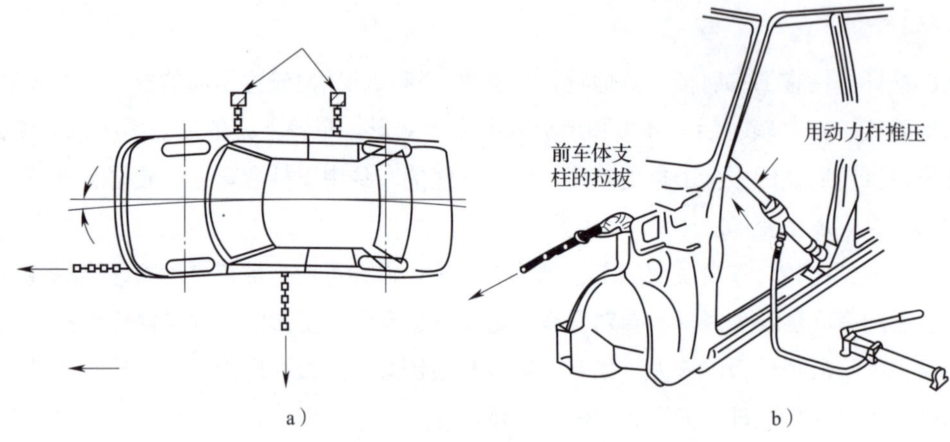

图 3—8—6 汽车侧面变形的修复

侧围板和车窗发生损坏。车辆翻滚时，车身支柱和车顶板会发生弯曲，支柱也会损坏。根据翻滚方式的不同，还将造成车身前部或后部损坏，其辨别特征是车门及车窗附近发生变形，比较容易发现。

当牵拉点移向较高位置时，部分有效拉力将转变为较长的链条行程（见图 3—8—7）。

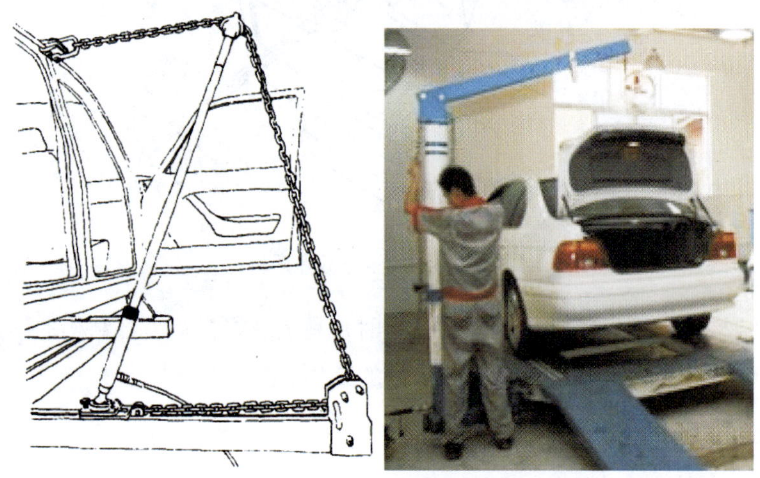

图 3—8—7 汽车顶部变形损伤修复

技能训练

训练：车辆前部受损的修复

某 4S 店钣金车间接到一个维修任务，一辆事故车辆前部受损严重，前保险杠、翼子板、发动机罩、中网、水箱等部位均有不同程度的损伤，需校正修复（见图 3—8—8）。

1. 正确进行事故车前部损伤分析，将主要过程和结构记录下来。
2. 以小组为单位，根据事故车的损伤情况制定维修方案，将维修方案的主要内容列出。
3. 对发动机罩、保险杠、翼子板、前门等部位进行修复。

（1）断开电源、ECU，拆除发动机罩（见图 3—8—9）。

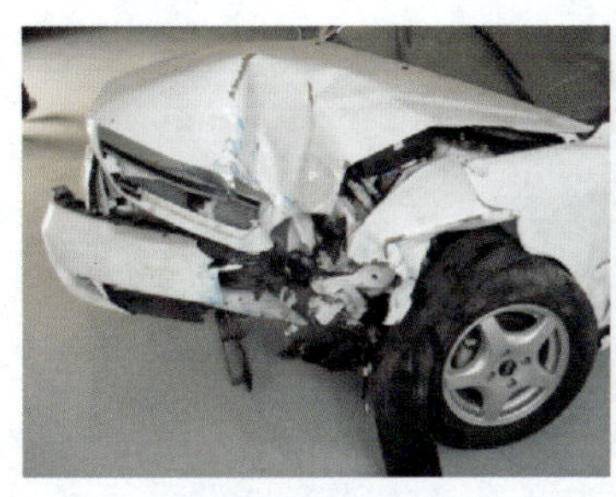
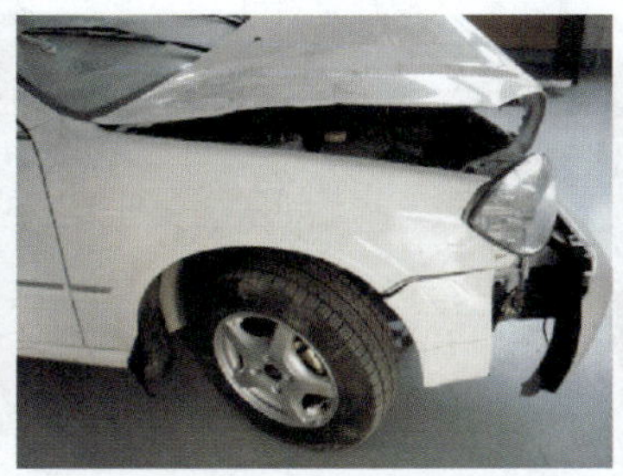

图 3—8—8 前部受损严重的事故汽车

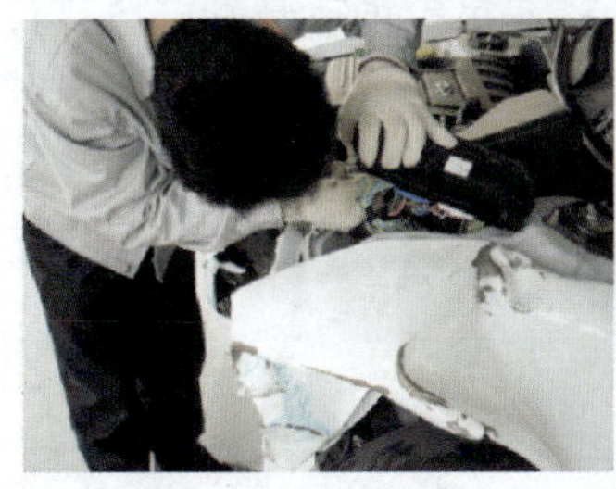

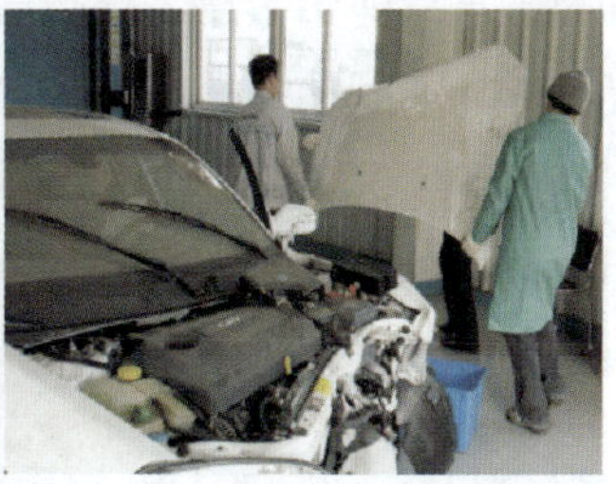

图 3—8—9 断电、拆除发动机罩

（2）拆卸前照灯、蓄电池、雨刮器等附件（见图 3—8—10）。

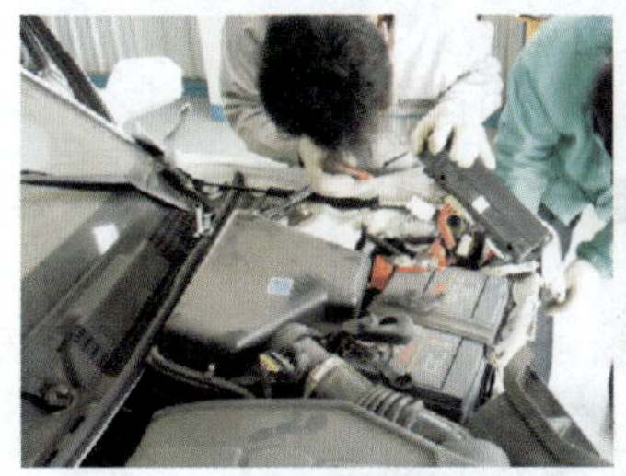

图 3—8—10 拆除相关附件

（3）将车身移到平台校正仪上。由于汽车无法行驶，需拆卸左前和右前车轮，卧式千斤顶顶起汽车，分别在轮盘固定支架，放置平板滑轮（见图 3—8—11）。

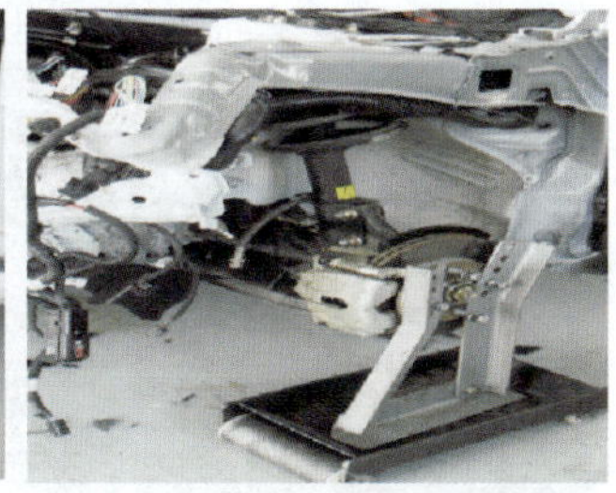

图 3—8—11 事故车上校正仪

事故车拖到校正仪上的过程中，注意左右位置适中，同时置空挡，拉手制动，车后不可站人。

（4）上夹具。由于车身要进行拉伸和测量操作，需进行车身定位和夹具固定（见图 3—8—12）。

图 3—8—12 车身定位和夹具固定

（5）车身前围修复。根据事故车的实际情况，移动塔柱，将油泵拉锁打开到“塔柱拉伸”位置，选择不同的夹具或绑带，进行拉伸（见图 3—8—13）。

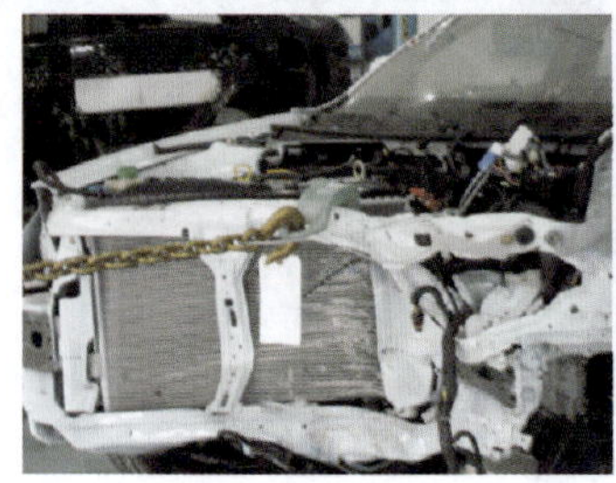
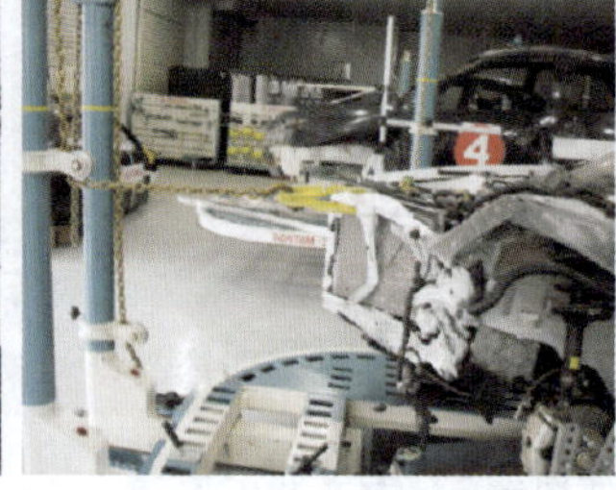
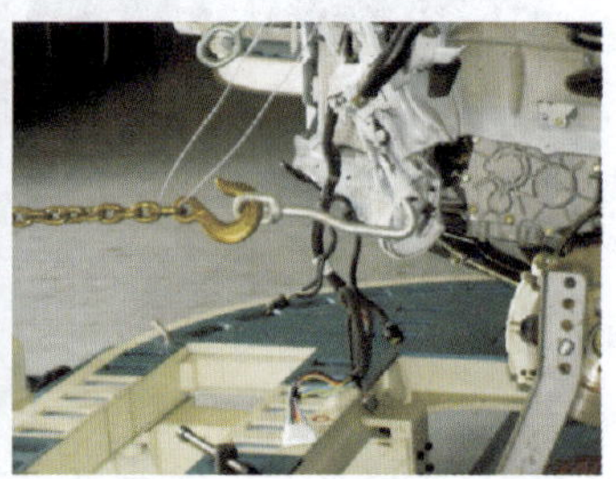

图 3—8—13 前围拉伸修复

（6）将前围拉伸至基本到位后，视其实际情况，割断前围（见图 3—8—14）。

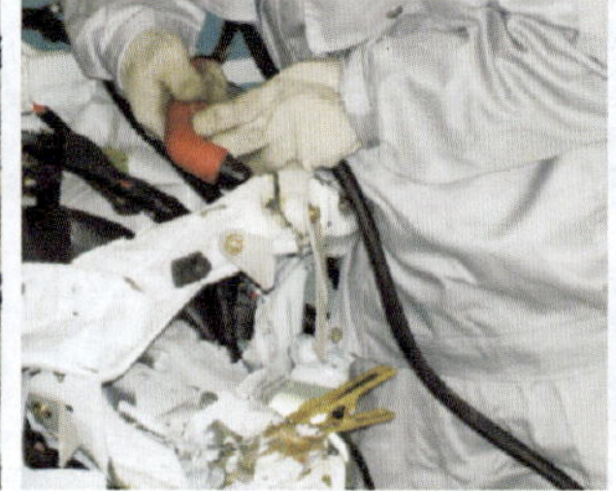
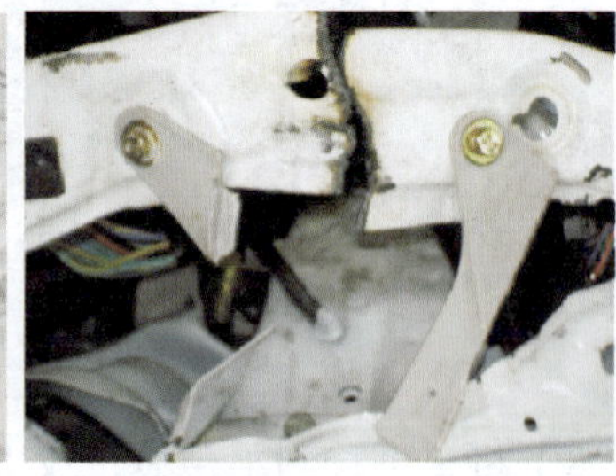

图 3—8—14 割断前围

（7）再次进行前纵梁的拉伸（见图 3—8—15）。

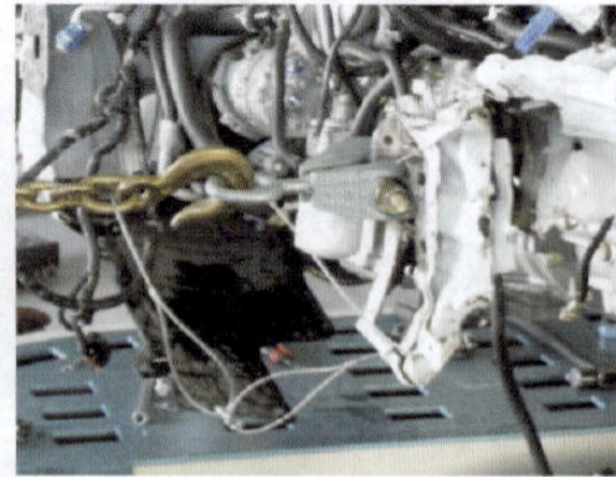
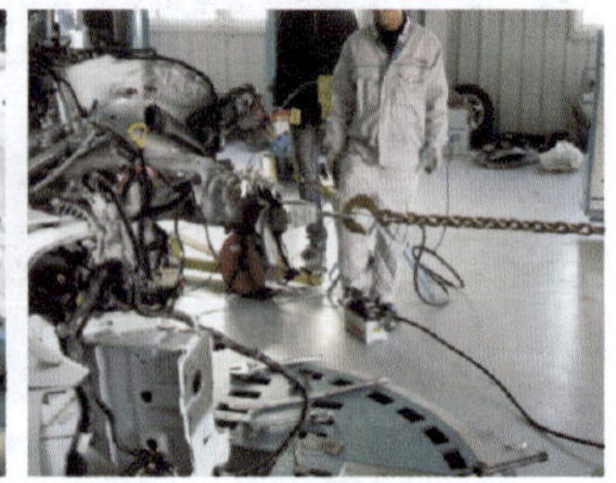

图 3—8—15 再次拉伸

（8）吊出发动机、变速器总成等（见图 3—8—16）。

（9）继续对车身前部进行拉伸（见图 3—8—17）。

（10）根据损伤情况，进行相关修复，再选择夹具拉伸（见图 3—8—18）。

图 3—8—16　吊出发动机、变速器总成等

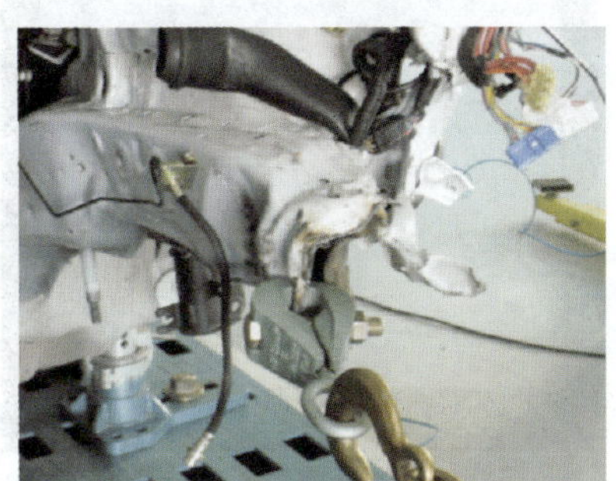
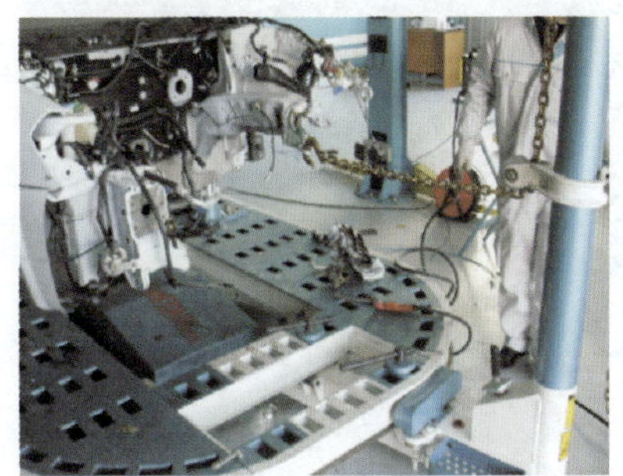

图 3—8—17　继续拉伸

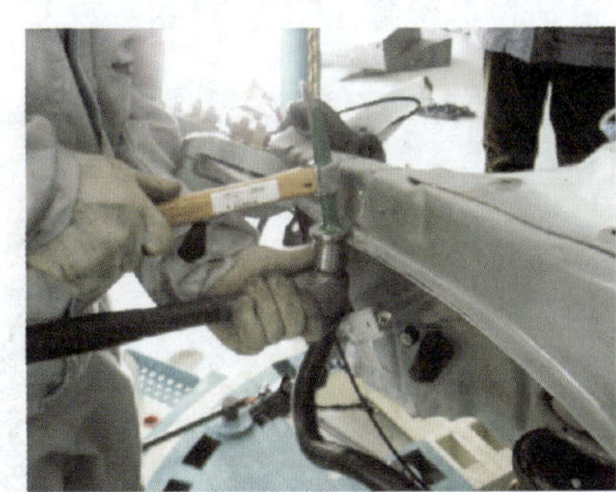

图 3—8—18　再次选择夹具修复

（11）将超声波电子测量系统装复到位（见图 3—8—19）。

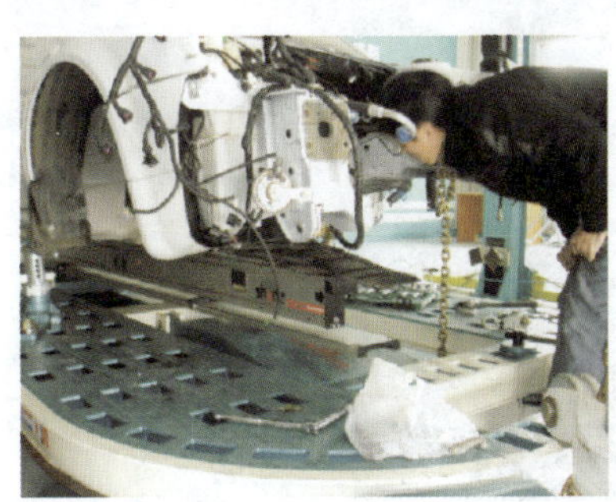
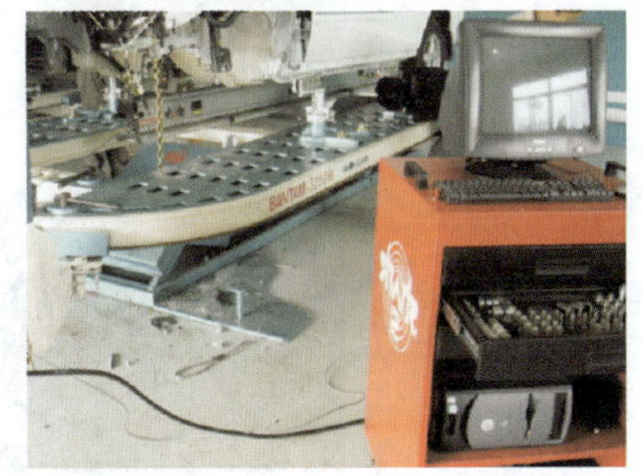

图 3—8—19　安装电子测量系统

（12）举升平台（见图 3—8—20）。

（13）进行电子测量，根据测量数据判断损伤情况（见图 3—8—21）。

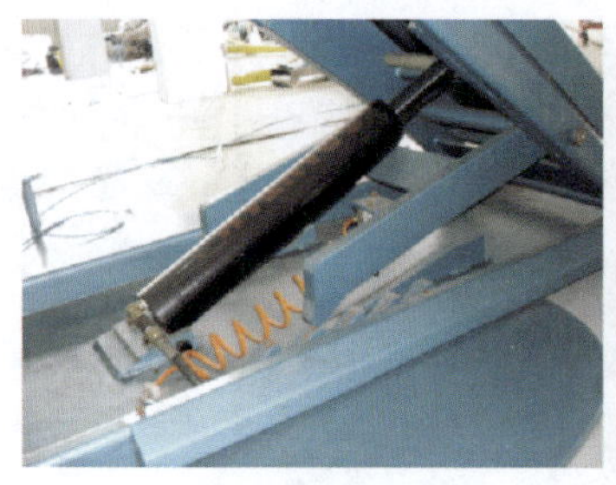
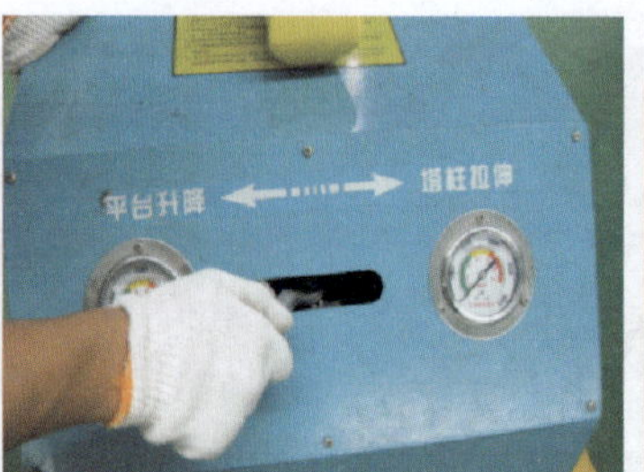

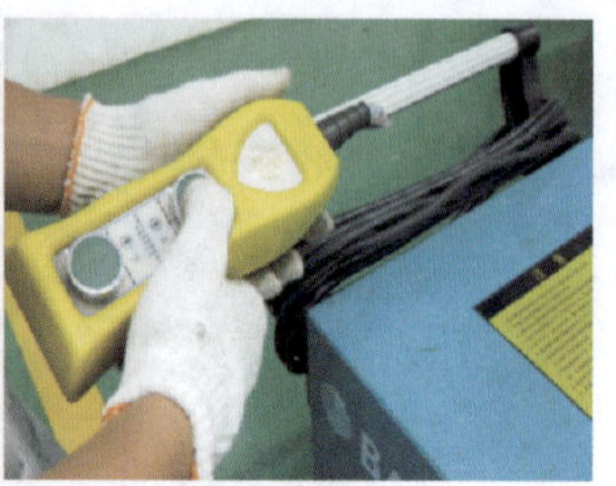

图 3—8—20 举升平台

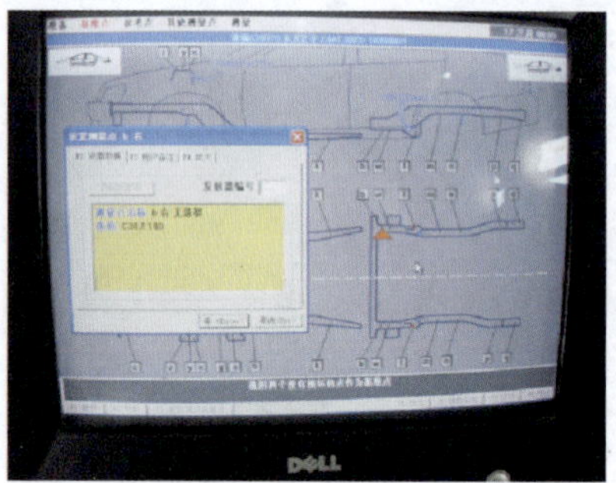

图 3—8—21 进行电子测量、判断损伤

（14）根据测量情况，分别对相关部位继续进行拉伸修复（见图 3—8—22）。

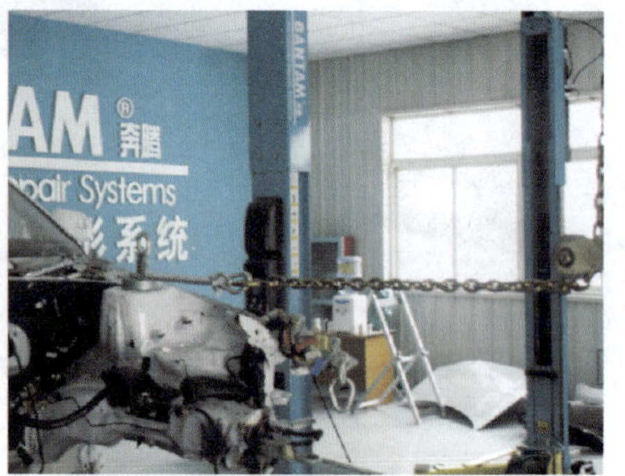

图 3—8—22 根据测量情况分别进行拉伸修复

（15）对车身门框等相关部位进行修复（见图 3—8—23）。

（16）安装前纵梁、前围等部件（见图 3—8—24）。

图 3—8—23　门框部位修复

图 3—8—24　安装前纵梁、前围等部件

（17）将拆卸开的结构件、覆盖件等进行焊接修复，恢复原始尺寸和性能要求（见图 3—8—25）。

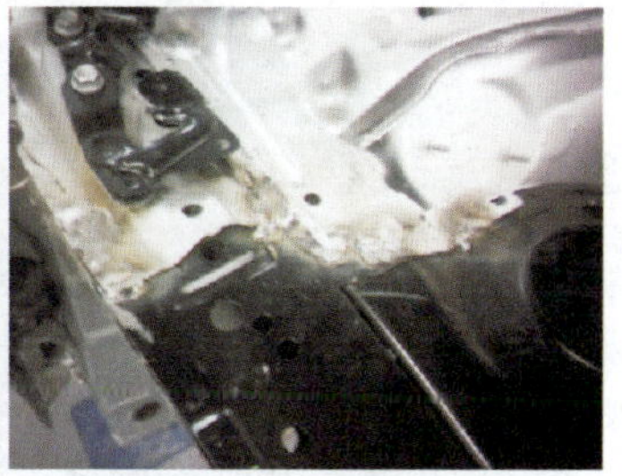

图 3—8—25　焊接修复

（18）装复发动机罩（见图 3—8—26）。

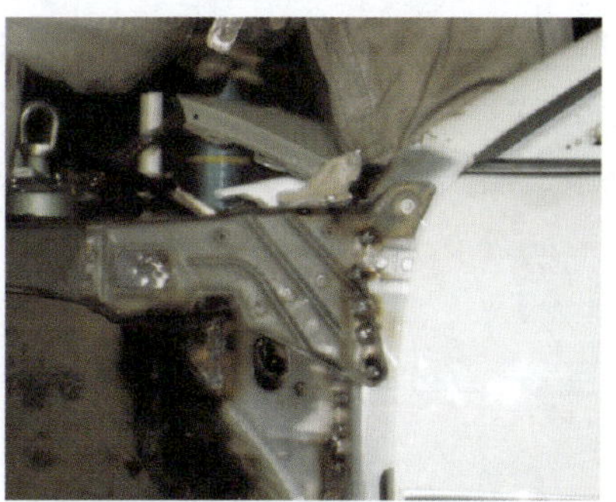

图 3—8—26 装复发动机罩

（19）安装前照灯、保险杠等（见图 3—8—27）。

图 3—8—27 安装前照灯、保险杠

注意：

（1）在牵拉过程中，需要解决两个独立的问题：恢复车身原来的形状；减少由于事故使车身变形扭曲而积累在车身中的应力，即恢复原来的状态。

（2）整个牵拉校正程序的基本任务是将损坏的车身恢复到原来的形状，同时，使金属件恢复到原来的状态也非常重要。

4. 对事故车辆进行检验、调整。

思考与练习

1. 事故车身整体校正的修复方法有哪些？
2. 车身后部严重受损，如何修理？